Tobias Schrödel
Christian Solmecke
Nora Wunderlich

WTF?!
SO TICKT DAS NETZ

Ein Verlag in der *westermann* GRUPPE

1. Auflage 2021
© 2021 Arena Verlag GmbH
Rottendorfer Straße 16, 97074 Würzburg
Alle Rechte vorbehalten
Cover: zero-media.net, München;
unter Verwendung von: shutterstock_93588079
Innenillustrationen und Satz: Myriam Homberg
Gesamtherstellung: Westermann Druck Zwickau GmbH
Printed in Germany

ISBN 978-3-401-60060-2

Besuche den Arena Verlag im Netz:
www.arena-verlag.de

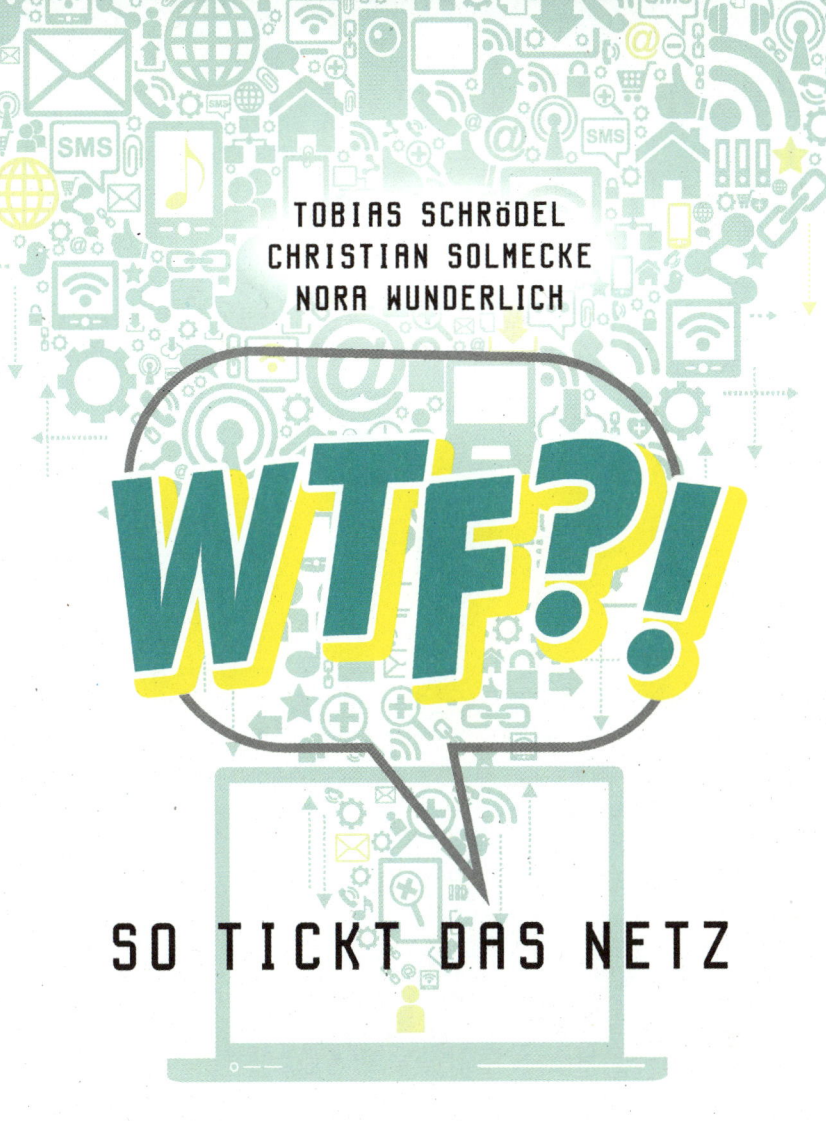

TOBIAS SCHRÖDEL
CHRISTIAN SOLMECKE
NORA WUNDERLICH

WTF?!

SO TICKT DAS NETZ

INHALT

TOBIAS SCHRÖDEL

↳ **Technik**

CHRISTIAN SOLMECKE

↳ **Recht**

NORA WUNDERLICH

↳ **Psychologie**

VORWORT VON REZO

Für manche mag das Internet Neuland sein, aber für die meisten von uns ist es der Mittelpunkt unserer täglichen Aktivitäten. Egal ob man mit Freunden kommuniziert, Fotos und Videos teilt, über Memes lacht oder Trends entdeckt – all das findet im Netz statt. Mit seinem schier grenzenlosen Potenzial bietet uns das Internet eine besondere Form der Freiheit, zeigt aber gleichzeitig oft genug seine hässliche Seite und konfrontiert uns so mit Cybermobbing, Shitstorms, Fake News, Online Betrug und dem Phishing privater Daten. So stehen wir immer wieder vor neuen Fragen:

Ist das legal?

Warum machen Menschen so was?

Was macht das mit mir?

Was kommt als Nächstes?

Da ein intuitiver Umgang mit diesen Fragen oft nicht ausreicht, bietet dieses Buch neben einer allgemeinen Einführung vor allem jedoch das Fachwissen eines IT-Experten, eines Juristen und einer Psychologin zu Themen von Datenverschlüsselung bis hin zu Darknet. Mit jedem Kommentar der Fachexpert*innen bekommen wir einen detaillierteren Einblick in die unterschiedlichen Bereiche und Probleme des Internets. Auch wenn dieses Buch nicht die Antwort auf alles sein kann, wird jeder von uns, egal ob Digital Native oder Digital Immigrant, besser mit den kommenden Fragen des Internets umzugehen wissen. Wir sollten diese Welt kennen, denn sie wird ein Teil unseres Lebens bleiben. Peace.

Rezo

SOZIALE NETZWERKE

Auch wenn es schon lange nicht mehr „in" ist: Das 2004 gegründete Facebook ist noch immer das größte soziale Netzwerk der Welt. Das liegt auch daran, dass alle aufstrebenden Konkurrenten wie WhatsApp und Instagram kurzerhand aufgekauft wurden. Instagram hat 1 Milliarde Dollar gekostet und WhatsApp sogar 19 Milliarden.

Da die Nutzung von Instagram oder Facebook die User ja nichts kostet, fragt man sich aber schon: Welcher Dummkopf bezahlt so viel Geld für etwas, mit dem man nichts verdient? Die Antwort: Mark Zuckerberg, der Gründer von Facebook. Er zählt heute zu den reichsten Menschen der Welt.

Nur wie wird man so reich, wenn die Nutzung von Facebook, Instagram, WhatsApp & Co. kostenlos ist? Das hat sich auch ein amerikanischer Senator gefragt, als er Zuckerberg wegen eines Datenskandals öffentlich befragte. Die Antwort ließ den über 80-Jährigen etwas irritiert zurück. Er kannte vermutlich nur das Prinzip Geld gegen Ware. Genau so funktionieren soziale Netzwerke aber nicht. „Senator, wir schalten Werbung", antwortete Zuckerberg und meinte dabei Werbung, die maßgeschneidert auf die Nutzer des Online-Dienstes ist.

Das Prinzip ist eigentlich ganz einfach. Klassische Werbung funktioniert so: Eine Firma, die Mountainbikes herstellt, bezahlt einen TV-Sender, damit ein Werbespot über ihr neuestes Bike ausgestrahlt wird. Niemand weiß aber, ob diejenigen, die jetzt gerade vor dem Fernseher sitzen, überhaupt Interesse an einem Mountainbike haben. Es ist ein bisschen so, als würde die Werbebotschaft mit der Gießkanne über viele verschiedene Menschen ausgegossen. Und dann hofft man, dass wenigstens ein paar dabei sind, denen das Produkt gefällt. Das ist nicht besonders effektiv.

Soziale Netzwerke machen das anders. Alle deine Likes und deine Kommentare werden ausgewertet. Sogar deine hochgeladenen Fotos werden mittels Bilderkennung analysiert. Ein soziales Netzwerk weiß deshalb ganz genau, was dir gefällt, was dich interessiert, was du suchst, was du gerne ansiehst, liest oder hörst. Sie wissen, ob es dir gerade gut geht oder nicht. Sie wissen aber auch, ob du gerade jetzt ein neues Mountainbike haben möchtest oder nicht. Und die Wahrscheinlichkeit, dass du dann genau jenes Rad kaufst, das dir „zufällig gerade jetzt" per Werbeeinblendung angeboten wird, ist viel höher. Dieser Mountainbikehersteller verdient dadurch mehr Geld und genau deshalb zahlt er gerne für diese Information. Und zwar an das soziale Netzwerk.

WERBUNG!

Obwohl wir für Menschen außerhalb unseres persönlichen Umfelds eigentlich völlig unwichtig sind, lassen uns sekundenschnelle Reaktionen aus dem Netz genau das Gegenteil glauben. Daher posten, kommentieren und liken wir immer weiter und liefern so auch immer mehr Daten über uns. Und die braucht Facebook, um die Werbung seiner Kunden noch präziser der gewünschten Zielgruppe zu zeigen. In Wirklichkeit bist du also gar nicht der Nutzer des sozialen Netzwerkes. Du darfst daran teilnehmen. Letztlich bist du nur die Ware. Sie verkaufen deine Wünsche, deine Träume und deine Meinung an Werbetreibende. Eigentlich verkaufen sie dich.

Du kommst hier nicht rein

Soziale Netzwerke funktionieren nur, wenn möglichst viele mitmachen. Das macht den Start für eine neue Social-Media-Plattform natürlich schwer. Sie muss User begeistern, ohne ihnen schon etwas bieten zu können. Die Anfang 2021 boomende Social-Media-App Clubhouse hat sich dafür eines genialen Tricks bedient. Es durfte und konnte nicht jeder mitmachen, der mitmachen wollte. Was absurd klingt, funktionierte grandios. Man nennt es „künstliche Verknappung", wenn sich viele Kunden um wenig Ware (oder Accounts) streiten sollen.

Bald berichteten sogar Nachrichtensendungen darüber, was Clubhouse nur noch bekannter machte. Immer mehr Leute wollten nun unbedingt einer der privilegierten Clubhouse-Nutzer sein. Doch man musste von einem bestehenden Clubhouse-User eingeladen werden, um seinen Account sofort freischalten zu können. Zudem durfte jeder gerade mal zwei Freunde einladen.

Und es gab noch einen Haken: Um alle Funktionen der App zu nutzen, musste man alle Daten seines Telefonbuches an Clubhouse übermitteln. So kommt das Netzwerk an Millionen Namen und Telefonnummern. Sogar von Menschen, die gar keine Clubhouse-Kunden sind. Ein klarer Verstoß gegen die DSGVO, die Datenschutzgrundverordnung. Die Gefahr, verklagt zu werden, ist allerdings gering. Denn knapp 80 % aller Deutschen haben schon einmal ohne Konsequenzen gegen die DSGVO verstoßen, als sie eine andere App installierten, die genau das Gleiche macht: WhatsApp.

Die (il)legale Datensammelwut

Wenn es um das Sammeln von Daten geht, so sind die sozialen Netzwerke sicherlich der absolute Spitzenreiter. Die Menge an Daten, die beispielsweise Facebook über einen durchschnittlichen 15-jährigen Teenager gespeichert hat, beträgt 14.000 DIN-A4-Seiten. Du kannst dir im Menüpunkt „Einstellungen und Privatsphäre" deine Daten selbst bei Facebook herunterladen und wirst überrascht sein, was der Konzern alles über dich weiß. Nicht anders sieht es bei Google oder Twitter aus. Fakt ist: Um alle diese Daten sammeln zu können, benötigen die Konzerne dein Einverständnis. Dieses gibst du oft schon bei der erstmaligen Registrierung ab, indem du die allgemeinen Geschäftsbedingungen akzeptierst. Eine solche Einwilligung ist jedoch nur wirksam, wenn du ganz genau weißt, wie deine Daten verwendet werden. Nach Meinung vieler Juristen erfolgt genau diese Aufklärung bei den sozialen Netzwerken nicht korrekt. Entsprechend wurde Facebook auch immer wieder verboten, die Daten seiner Nutzer zu sammeln und zu vermischen. Da Facebook auch noch WhatsApp und Instagram gehören, lag es nahe, alle Nutzerdaten (heimlich) zusammenzulegen, um noch gezielter Werbung ausspielen zu können. Diesem Vorhaben wurde allerdings ein Riegel vom Bundeskartellamt vorgeschoben. Der Behörde ging die Sammelwut von Facebook zu weit. Sie ordnete an, dass Facebook seine Nutzer vorher fragen muss, wenn es die Daten aus WhatsApp, Facebook und Instagram zusammenlegen möchte. Der Bundesgerichtshof bestätigte diese Entscheidung im Jahr 2020.

Likes und Kommentare – die Währung der Social-Media-Welt

Stell dir vor, du sitzt zu Hause an deinem Schreibtisch und dein Handy leuchtet auf. Du siehst eine junge Frau am Strand, braun glänzende Haut, perfekte Figur, einen Drink in der Hand. Freudestrahlend blickt sie in die Kamera. Dieser Augenblick, der da festgehalten ist, transportiert Freude, Glück und Freiheit. Er vermittelt: Das Leben ist traumhaft, mir geht es gut, ich bin auf der SunnySide-of-Life, ich bin frei. Und jeder kann es in einer Sekunde erkennen. Bilder und Videos gelten als „snackable" Content, weil sie ohne Nachdenken sofort verstanden werden können. Wieso also nicht schnell teilen – meine Freude mit der Welt. Und dann landet sie – die Emotion – bei dir auf dem Schreibtisch, an dem du gerade eiserne Motivation für die letzten Matheaufgaben benötigst.

Vielleicht denkst du dir: „Oh wie schön, freut mich für sie". Vielleicht wirst du aber auch traurig, weil du gerne selbst am Strand sitzen würdest. Oder du denkst, dass du diese Person eigentlich gar nicht leiden kannst. In der Regel wirst du dieses Bild jedoch trotzdem liken. Wieso? Weil du dir bei deinem nächsten Post eine Gegenleistung erwartest. Nämlich auch einen Like und einen Kommentar. Aber warum ist das so? Die Psychologie geht davon aus, dass soziale Netzwerke immer mehr die Funktion zwischenmenschlicher Aktivitäten, die früher face-to-face abliefen, übernehmen. Hier wäre es der Aspekt des Zusammenhaltens, der Gegenseitigkeit. Wie du mir, so ich dir. Es erweckt den Anschein, als wäre man nicht allein, als hätte man viele Verbündete, als wäre man Teil einer Gemeinschaft. Liken wir nicht, bekommen wir Angst, unseren „sozialen Status" zu verlieren und dass uns niemand mehr Beachtung schenkt, wir quasi von der Bildfläche verschwinden. Denn was ist man schon ohne einen Insta-Account? Es entsteht der Druck, immer online zu sein, um jeden Post von den anderen mitzubekommen und diesen dann sofort zu kommentieren. Die Währung der modernen Jugendclubs, Marktplätze etc. sind Likes und Kommentare. Erhalten wir diese, zielen sie nämlich direkt in unser Belohnungszentrum. Ein Like löst ein „kleines" Feuerwerk bei uns im Gehirn aus. Studien zeigen, dass Bestärkung und Interaktion in sozialen Netzwerken zu einer stärkeren Durchblutung der Gehirnregionen führen, die mit dem Botenstoff Dopamin in Verbindung gebracht werden. Und Dopamin spielt auch bei der Entwicklung von Suchterkrankungen eine große Rolle. Klingt bedrohlich und in der Tat ist es das auch, wenn man nicht darauf achtet, stets einen Ausgleich zum Digitalen zu haben. Netflix berichtet in seiner Doku „Das Dilemma mit den sozialen Medien" (2020) über die Kehrseite der Social-Media-Welt. Darin kommen auch die zu Wort, die diese erschaffen haben.

Echt jetzt?

Social Media ohne Internet? Schon vor knapp 100 Jahren unterhielt Margaret Thaw die New Yorker Society mit selbst inszenierten Filmchen über Hotelbewertungen und die Wahl ihres Urlaubsortes in Europa. Die schwere Kamera und Hunderte Meter Filmmaterial mussten Bedienstete schleppen, ehe die Filmrollen zur Vorführung per Schiff nach Amerika zurückgeschickt wurden.

INFLUENCER

Eigentlich gab es sie schon immer. Menschen, die wir als Vorbild sehen. Jemanden, den wir toll finden, der irgendwie immer das Richtige macht und sagt, nie schlecht aussieht und auf alles eine Antwort hat. Das kann ein Klassenkamerad sein, eine Sportlerin, ein Politiker oder eine Sängerin. Manche Menschen schaffen es einfach, dass sie uns in ihren Bann ziehen. Früher nannte man diese Menschen Meinungsmacher. Heute heißen sie Influencer.

 Die Wissenschaft erklärt die Rolle eines Influencers wie folgt: Manche Leute sind eher bereit, neue Dinge auszuprobieren und sie anzunehmen. Sie werden von ihren Mitmenschen teils kritisch, teils bewundernd beobachtet. So verbreiten sie neue Ideen und Erfindungen über ihr vorhandenes soziales Netzwerk. Ist dieses Netzwerk groß genug, um eine „kritische Masse" zu erreichen, dann trendet ein Produkt praktisch von ganz allein. Das erreichen insbesondere die Influencer, deren Popularität im Netz, also bei Twitch, Instagram, Twitter oder YouTube, besonders groß ist.

Die Werbewirtschaft hat das mittlerweile auch erkannt, weshalb Influencer heiß begehrte Ansprechpartner im Marketing geworden sind. Sie stärken eine Marke und verhelfen einem Produkt zum schnellen Durchbruch. Sie sind zudem günstiger als TV-Werbung und es gibt noch einen weiteren entscheidenden Vorteil: Fast die Hälfte ihrer Follower gehört zur begehrten Zielgruppe von Menschen zwischen 14 und 29 Jahren. Das ist der Teil der Bevölkerung, der besonders gerne Geld ausgibt und noch nicht völlig festgefahren auf ein bestimmtes Produkt ist. Das Kaufverhalten dieser Zielgruppe lässt sich also noch beeinflussen.

Der englische Begriff für „jemanden beeinflussen" lautet „to influence somebody". Influencer begeistern nicht nur für ein Produkt, sie beeinflussen dich auch in deiner Meinung, in deinem Klamottengeschmack und sogar in deiner politischen Ansicht. Manchmal merkt man das gar nicht, weil man Vorbilder seltener hinterfragt. Viele Influencer, die ein großes Vertrauensverhältnis aufbauen und zu Leitfiguren für ein Massenpublikum werden, sind einfach so geboren. Eine Ausbildung dafür gibt es jedenfalls nicht. Die meisten Influencer sind aber selbst gebildet und kommen aus den oberen sozialen Schichten.

Aber Influencer sein ist gar nicht so einfach und wer krampfhaft Influencer werden will, wird es garantiert nicht. Für ein locker wirkendes Drei-Minuten-Video dreht man auch schon mal mehrere Stunden. Und wenn man das dann auch noch alle paar Tage hinkriegen muss, dann kann das schon nervig werden. Bei Lifestyle- und Mode-Bloggern wird auch oft moniert, dass die gestellten Bilder ja gar nicht das echte Leben zeigen, obwohl viele so tun. Oder dass manche bei Produktbeschreibungen zwar nicht lügen, aber ein paar „unpassende" Nachteile in der Argumentation einfach weglassen.

Auch wenn viele Eltern mit den Influencern ihrer Kinder nichts  anfangen können und diese vielleicht sogar für Spinner halten, auch sie hatten selbst Vorbilder: Thomas Gottschalk, Ozzy Osbourne oder David Bowie. Heute heißen sie halt Bibi, MontanaBlack88 oder Rezo.

Werbung oder keine Werbung?

Influencer in sozialen Netzwerken wie Instagram, YouTube oder Facebook, die ihre Kanäle dazu nutzen, Werbung für Fitnessdrinks, Diättees oder Designerklamotten zu machen, müssen einige rechtliche Spielregeln beachten. Insbesondere die sogenannte Kennzeichnungspflicht. Also die Pflicht, Werbung auch als solche zu bezeichnen. Denn der Gesetzgeber befürchtet, dass gerade junge Menschen auf Empfehlung von Influencern etwas kaufen, ohne zu wissen, dass die Influencer für diese Empfehlung bezahlt worden sind.

Der ein oder andere versteht vielleicht jetzt erst, warum manche Influencer ihre Bilder mit dem Hinweis „bezahlte Partnerschaft mit ..." oder „Werbung" kennzeichnen. Freiwillig machen sie das eher nicht. Mit dieser Kennzeichnungspflicht müssen sich manchmal auch Promis herumschlagen.

Ein Beispiel dafür ist die Influencerin Cathy Hummels. Sie musste sich vor Gericht mit der Frage beschäftigen, welche ihrer Posts sie nun als Werbung kennzeichnen muss und welche nicht. Denn ihr wurde Schleichwerbung vorgeworfen. Darunter versteht man Werbung, die man nicht sofort und eindeutig als solche erkennt. Der Grund dafür waren Bilder auf Instagram, auf denen sich teils Verlinkungen auf die Hersteller der von ihr getragenen Kleidung oder anderer Gegenstände befanden. Die Frage des Gerichts war, warum sie diese Posts nicht als Werbung gekennzeichnet hatte. Sie antwortete, dass sie die abgebildeten Sachen in der Regel selbst gekauft habe und nicht von den Herstellern für Werbung bezahlt werde. Daher war sie der Meinung, dass sie keine Kennzeichnungspflicht treffe. Das Gericht gab ihr recht: So entschieden die Richter, dass bei Prominenten wie Cathy Hummels der Betrachter wisse, dass es sich um Werbung handeln könnte. Folglich gingen die Follower auch nicht blauäugig davon aus, sie empfehle diese Produkte privat ernsthaft weiter. Und das auch dann nicht, wenn sie, wie in diesem Fall, wirklich nicht dafür bezahlt wurde.

Doch daraus kann nicht geschlossen werden, dass keiner mehr Beiträge als Werbung kennzeichnen muss. Vielmehr muss man jeden Einzelfall untersuchen. Dies wird bei reichweitenstarken Influencern regelmäßig der Fall sein.

Für dich heißt das nun in der Regel, dass du Werbung, für die du Geld bekommst, auch als solche kennzeichnen solltest. Sagst du aber nur deine Meinung über ein Produkt und hast keine geschäftlichen Absichten dahinter, musst du dein Posting auch nicht als Werbung kennzeichnen. Wie man Werbung kennzeichnen muss, hängt von verschiedenen Faktoren ab, z. B. ob es in einem Video oder einem Text vorkommt und ob es darin hauptsächlich um das Produkt geht oder nicht. Du solltest auf jeden Fall davon ausgehen, dass bei einem Influencer nichts „zufällig" im Bild zu sehen ist oder erwähnt wird.

Echt jetzt?

Diverse Fernsehsender wollten mit Influencern TV-Formate produzieren. Dies ist jämmerlich gescheitert, da die Web-Stars für das klassische TV völlig ungeeignet waren – und die typischen Fernsehzuschauer die Influencer gar nicht kannten.

PSYCHOLOGIE

Warum wir uns beeinflussen lassen (wollen)

Was bewegt dich dazu, einem Influencer in den sozialen Medien zu folgen und wann kaufst du seine Produkte? Mit solchen Fragen und dem Phänomen des Influencer-Booms allgemein beschäftigt sich auch die Psychologie. Wie wir ja bereits gelesen haben, ist „Influencer-Werden" nicht so leicht. Es gibt jedoch einige Wissenschaftler und Wissenschaftlerinnen, die versucht haben nachzuvollziehen, wie es diejenigen, die erfolgreich sind, geschafft haben. Als Geheimrezept gilt es, authentisch, also echt und ehrlich, zu wirken, immer da zu sein, seinen Followern Orientierung und das Gefühl zu geben, dazuzugehören. Wie sie da in die Kamera hineinlächeln und sprechen, uns ganz private Dinge über ihr Leben erzählen, könnten sie auch unsere Freunde sein.

Damit holen sie uns Menschen als soziale Wesen in unseren **grundlegenden Bedürfnissen** ab. Denn wir alle möchten Teil einer Gruppe sein. Der Trend in unserer Gesellschaft ist dagegen ein anderer – weg von der Gemeinschaft hin zum Individuum. Familien bestehen aus immer weniger Mitgliedern, immer mehr Menschen entscheiden sich dafür, als Single zu leben. Aber unser Bedürfnis nach Zugehörigkeit ist dabei nicht geringer geworden. Die Anziehung, die Influencer als quasi Teil eines lebensnahen Freundeskreises haben, erscheint mit dieser Begründung dann gar nicht mehr so ungewöhnlich. Außerdem überfordert und verunsichert die Flut an Informationen, der wir täglich durch die Medien ausgeliefert sind. Die vielen Möglichkeiten in Sachen Ausbildung, Beruf, Hobbys, Wohnort, Lebensplanung usw. helfen da auch nicht. Woher sollen wir da noch wissen, was richtig ist und zu uns passt? Influencer, mit denen wir uns identifizieren, sagen uns, was „in" ist und was man „braucht", um glücklich zu sein.

Wir richten uns in unseren Entscheidungen nach Influencern, um dazuzugehören und uns sicherer zu fühlen. Das erklärt, warum Influencer so gute Werbeträger sind, warum wir alles wollen, was sie haben. Es erklärt aber auch das Gefühl von Neid und Angst, das uns manchmal überkommt, wenn wir uns mit Influencern vergleichen. Hier hilft es, sich bewusst zu machen, dass all die Echtheit häufig gespielt ist. Erfolgreiche Influencer sind selten lebensnah. Sie betreiben ihren Online-Auftritt, um Geld zu verdienen. So frei, wie es scheint, sind sie also nicht (mehr) in ihren Entscheidungen. Sie analysieren unser Online-Verhalten, um die Posts noch besser auf uns abstimmen zu können. Es gibt unter den Influencern auch schon einige, die in das wahre Leben hinter diese wundervolle Fassade blicken lassen. Der Druck wird auch für sie manchmal zu viel. Sie verabschieden sich dann für einige Zeit von ihren Followern oder zeigen Bilder von ihrem „echten Leben". Viele Follower sind dann enttäuscht, fühlt es sich doch an, als wäre man von einem Freund belogen worden. Wahre Freundschaften fangen vielleicht im Internet an, jedoch lohnt sich ein RL-Check – ein Treffen im echten Leben –, um die Freundschaft zu vertiefen.

Echt jetzt?

Eine New Yorker Agentur kümmert sich um ganz spezielle Influencer. Sie betreut Hunderte Tiere mit eigenen Seiten auf Instagram, Twitter, Facebook & Co., die sogenannten Petfluencer.

SELBSTDARSTELLUNG

Viele Eltern finden es peinlich, wie sich ihre Kinder auf Instagram oder Snapchat präsentieren. Selfie hier, Selfie da. Bauch einziehen, Muskeln anspannen, Filter hier, Photoshop da. Doch sogar die verfälschte Darstellung von sich selbst trägt letztlich dazu bei, dass man so wird, wie man später mal ist. Also alles halb so wild?

In den westlichen Ländern ist Instagram in den letzten Jahren zu einer der wichtigsten sozialen Plattformen für junge Menschen geworden. Über 100 Millionen Fotos und Videos werden täglich dort hochgeladen und eines sieht toller aus als das andere. Ein Geheimnis hinter dem Erfolg von Instagram ist die einfache Nutzung der Fotofilter. Fotofilter verändern das Bild. Mit einem Klick reinere Haut? Kein Problem. Und vor einem Sonnenuntergang mit satten Farben wirkt doch alles fantastischer. Klick. Fertig. Verwischte Kanten bringen Bewegung in ein Bild und lassen die Party somit noch lebhafter wirken, als sie in Wirklichkeit war. Auch kein Problem. Klick.

Fotofilter gaukeln uns eine Realität vor, die noch schöner, aufregender und lebhafter ist als das echte Leben. Das lässt uns selbst und unseren Alltag grau aussehen. Und das ist gefährlich. Denn derart realitätsfremde Schönheitsideale und die vermeintlich so perfekten Leben der Stars erhöhen den Druck, auch so fehlerfrei zu sein. Doch das ist niemand. Nur die manipulierten Bilder in den sozialen Netzwerken.

Der Druck, volle Lippen, eine schlanke Nase oder dünne Beine haben zu müssen, bringt viele junge Menschen in eine schwierige Situation. Denn was ein Filter mit einem Klick erledigt, lässt sich in der Realität gar nicht oder nur mit einer Operation erreichen. Nicht gerade gut für das eigene Körperbild und Selbstwertgefühl. Vorwiegend Mädchen können dadurch sogar eine Essstörung entwickeln. Im Extremfall kann so etwas lebensgefährlich werden. Und dabei kommen sie ihrem Ziel nicht unbedingt näher. Eine Thigh Gap, also eine Lücke zwischen den Schenkeln, können 30 bis 40 % der Menschen schon allein aufgrund ihres Knochenbaus gar nicht erreichen. Sie hungern daher umsonst.

Dass falsche Vorbilder und unrealistische Ideale ein Problem sind, hat auch Instagram längst verstanden. Im November 2019 hat das soziale Netzwerk daher einen Filter verbannt. Holymariia sorgte mit einem Klick für volle Lippen, eine schmale Nase, Sommersprossen und einen Blush im Gesicht. Man sah aus wie nach einer Schönheits-OP. Instagram begründete die Entfernung des Holymariia-Filters mit einem Verstoß gegen seine „Wohlfühl-Policy".

Tatsächlich sollten wir alle versuchen, uns mit dem Körper wohlzufühlen, in dem wir leben. Denn machen wir uns doch nichts vor. Hübsche Fotos sind zwar nett. Viel netter sind doch aber die Menschen, die uns zum Lachen bringen. Die Freude ausstrahlen und glücklich sind. Und das sind die, die wenig darauf geben, was andere über sie denken. Das sind die, die frei von jedem Druck einfach nur ihr Leben genießen.

Das perfekt schlechte Foto

S chon das erste Selfie der Welt war kein schöner Anblick. Ein User namens Hopey verwendete den Begriff erstmals 2002 in einem Forum, als er nach einem Sturz ein unscharfes Foto seiner aufgeplatzten Lippe postete. Heute fluten wir das Netz mit Bildern von uns. Und weil wir mitkriegen, wie oft ein Bild angesehen wird, glauben wir, dass sich andere dafür interessieren. Doch der Counter steigt oftmals nur durch automatische Einblendungen in beliebigen Timelines an. Unsere vermeintliche Wichtigkeit täuscht daher. Unser Bild wird dutzendfach sekundenschnell zur Seite geswiped. Bei unserer Suche nach Anerkennung und Wichtigkeit im Netz vergessen wir nur zu oft, dass wir eigentlich nur ein einzelner Ball im Bällebad sind.

Auch wenn die Fotofilter uns vermeintlich besser aussehen lassen, sind hochmoderne Algorithmen und digitale Tricks technisch gesehen eigentlich ein Rückschritt. Moderne Smartphones nehmen jedes Detail gestochen scharf auf und dank kontrastreicher Bildschirme fallen uns gerade deshalb unschöne Feinheiten stärker auf. Viele Filter setzen daher auf Unschärfe. Die einzelnen Nuancen verschwimmen so zu Brei, der störende Makel ist weg und wir finden uns hübscher. Eigentlich absurd, denn wir machen das Bild damit schlechter.

Viele Stars und Sternchen helfen nicht nur mit Filtern, sondern auch mal mit Bildbearbeitungsprogrammen nach. Manchmal merkt man das, wenn die Beine verdächtig schlank aussehen, dafür aber das Geländer hinter der Person „verbogen" ist. Seltsame Biegungen an eigentlich geraden Kanten sind ein häufiges Indiz dafür, dass gemogelt wurde. Unter „Photoshop Fail" findet man dazu viele Beispiele im Netz. Wurde ein Bild hingegen von einem Profi bearbeitet, dann muss man schon genau hinsehen, um zu erkennen, dass geschummelt wurde.

Besonders schwer sind Fälschungen zu erkennen, wenn sich die Bilder bewegen. Unser Gehirn verarbeitet bereits 14 bis 16 Bilder pro Sekunde so, dass sie wie ein Film wahrgenommen werden. Natürlich bleibt da keine Zeit, jedes Bild einzeln unter die Lupe zu nehmen. Leistungsfähige Computer sind deshalb heute schon in der Lage, Filme in **Echtzeit** zu manipulieren. Als Deepfake werden Videos bezeichnet, in denen das Gesicht einer Person in einem Film von einem Computer so täuschend echt hineinprojiziert wird, dass man glaubt, die Person würde wirklich mitspielen. Das kann einerseits lustig sein, andererseits auch Gefahren bergen. Zum Beispiel dann, wenn von Politikern Deepfakes verbreitet werden, in denen sie Dinge sagen, die sie niemals sagen würden. So könnten Wahlen manipuliert oder wütende Proteste provoziert werden. Viele Menschen glauben nämlich, was sie sehen. Früher bürgten Fotos und Filme noch für die Wahrheit. Heute darf man nichts mehr glauben, nur weil man es sieht. Fazit: Die ehrlichsten Bilder sind die mit den Pickelchen und dem Leberfleck am Hals.

Echt jetzt?

Ein Foto von einem Ei ist das Bild mit den meisten Likes bei Instagram. Der Unternehmer Chris Godfrey wollte Kylie Jenner (18 Millionen Likes) überholen. Das Experiment gelang. world_record_egg hat über 55 Millionen Likes.

RECHT

Wem gehört ein Bild?

Was bringt mehr Likes und Kommentare als ein Foto? Mir fällt nicht viel ein ... Nicht umsonst sagt man „Ein Bild sagt mehr als 1.000 Worte". Ob es Fotos vom letzten Urlaub, von einer Party oder auch von leckerem Essen sind: Das Hochladen von Bildern ist für die meisten immer noch die interessanteste Kommunikation in sozialen Netzwerken. Das zeigt auch der Erfolg von Instagram, welches anfangs nur aus Bildern bestand.

Nun könntest du ja gerade im Zeitalter von Influencern und der steigenden Bedeutung von Followern und Likes auf die Idee kommen, besonders beliebte Bilder von fremden Profilen auf deinem eigenen Profil zu veröffentlichen. Doch Achtung: Das ist verboten und kann sogar zu Abmahnungen und Gerichtsverfahren führen. Grund hierfür sind die Bildrechte. Die Rechte an einem Bild hat der sogenannte Urheber, also derjenige, der das Foto gemacht hat. Das gilt aber nicht nur für Fotos. Tausende Nutzer, die über Tauschbörsen wie Bit Torrent Filme oder Musik geladen hatten, wurden abgemahnt und sollten mehrere Hundert Euro zahlen.

Doch warum geht das eigentlich? Warum ist es illegal, sich an etwas zu bedienen, das im Internet für jeden frei zugänglich ist? Ganz einfach: Das Urheberrecht schützt die Rechte des Urhebers an seinem Werk. Es versucht zu verhindern, dass ein Werk von anderen Personen verunstaltet, missbraucht oder als eigenes ausgegeben wird. Denn der Urheber soll von seiner Arbeit wirtschaftlich profitieren können und gleichzeitig für seine Mühen Anerkennung bekommen – offline genauso wie online. Daraus folgt, dass diejenigen, die nicht selbst künstlerisch tätig werden wollen, sondern Bilder von anderen nutzen möchten, beim Urheber um Erlaubnis fragen müssen. Nur wenn der Fotograf eines Bildes die Nutzung erlaubt, dann darfst du seine Bilder in sozialen Netzwerken mit deinen Followern teilen.

Doch ein Urheberrecht haben nicht nur Profis. Jeder hat ein Urheberrecht an seinen Bildern – völlig unabhängig davon, was darauf zu sehen ist, wie aufwendig das Bild war oder wie schön es ist. Sollte sich jemand also an deinen Bildern bedienen, dann kannst auch du dagegen vorgehen. Du kannst denjenigen abmahnen, von ihm Schadensersatz in Form von Geld verlangen und fordern, dass er nicht noch einmal deine Bilder auf seinem Profil online stellt.

Echt jetzt?

In deutschen Büros wandern innerhalb von einer Minute 740.027 Blicke auf das Smartphone.

Die Träume anderer Leute

Auch wenn der Trend vermehrt in Richtung Body Positivity geht, zeigen einige Studien, dass viel Zeit auf sozialen Medien insbesondere bei jungen Mädchen zu negativen Gefühlen führen kann. Dabei ist immer wieder die Rede von unserem Selbstwertgefühl. Aber was genau ist das eigentlich und wieso haben soziale Medien einen Einfluss darauf?

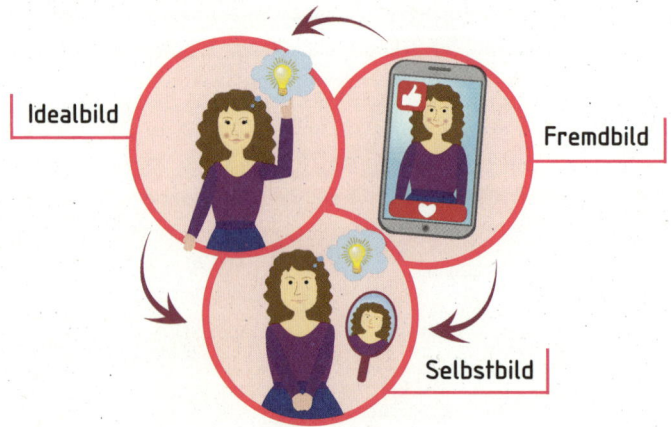

Wenn man in der Psychologie von sich selbst spricht, dann werden folgende Begriffe unterschieden: Selbstbild und Selbstwertgefühl, Idealbild und Fremdbild. Unser Selbstbild umfasst all die Eigenschaften, die wir uns selbst zuschreiben, und beeinflusst uns in der Art und Weise, wie wir denken, fühlen und handeln. Einfach gesagt: Wer bin ich, was mag ich, was kann ich? Unser Selbstbild steht stets im Zusammenhang mit unserem Idealbild. Unter dem Idealbild wird die Vorstellung verstanden, wie wir gerne sein möchten. Jeder Mensch strebt eine Anpassung des eigenen Selbstbilds an das eigene Idealbild an. Jeder möchte also von dem Menschen, als der er sich jetzt gerade sieht, zu dem Menschen entwickeln, der er gern sein möchte. Wenn Selbstbild und Idealbild starke Unterschiede aufweisen, geht das oft mit negativen Gefühlen und Gedanken über uns selbst einher. Schließlich sind wir dann nicht so, wie wir gern wären. Nicht schön, klug, fleißig oder mutig genug. Wir sind dann traurig und fühlen uns minderwertig. Häufig wird dann auch von einem geringen Selbstwertgefühl gesprochen. Hier zwei Beispiele, wie sich das Zusammenspiel von Selbst- und Idealbild auf unser Verhalten und das Selbstwertgefühl auswirkt: Ida hat die Vorstellung, jedes Mädchen müsse klug und hübsch sein. Ihr Selbstbild beinhaltet die Annahme über sich selbst, dass sie zwar recht klug sei, aber nicht wirklich hübsch. Dies wirkt sich auf ihre Gefühle, Gedanken und ihr Handeln aus. Im Unterricht fühlt sich Ida wohl, sie ist motiviert, Neues zu lernen, und meldet sich häufig. Wenn sie aber mit ihren Mitschülerinnen und Mitschülern zum Baden geht, fühlt sich Ida unwohl. Es kommen Gefühle wie Scham und Neid auf und sie ist die Erste, die ins Wasser geht, damit man sie nicht lange im Bikini sieht.

Ein anderes Beispiel ist Leon. Er ist klein. Jetzt nicht superklein, aber schon deutlich kleiner als die Jungs aus seiner Klasse, und sieht damit auch mindestens zwei Jahre jünger aus. Klein sein ist so ziemlich das Blödeste, was einem Jungen passieren kann, meint Leon. In seinem Idealbild von einem 16-Jährigen findet sich so etwas wie: groß, muskulös, breite Schultern, tiefe Stimme, cool und eigentlich schon ein Mann. Dass sich Leon ungefähr nichts zutraut, ist klar, sein Selbstwertgefühl ist im Keller, denn sein Selbstbild ist weit entfernt von seinem Idealbild. Aber Leons Selbstbild ändert sich schlagartig, als Luci neu in die Klasse gekommen ist. Luci ist zwar deutlich

größer als Leon, findet ihn aber ziemlich lustig und cool. Die beiden freunden sich an und Leon merkt, wie unwichtig es ist, groß zu sein. Er hat, so wie er ist, auch Spaß und kann glücklich sein. Luci hat also durch das Fremdbild auf Leon ganz andere Stärken in ihm hervorgeholt und damit auch sein Selbstwertgefühl gestärkt.

Das Fremdbild beschreibt das, was andere von uns denken. Auch dies hat Einfluss auf unser Selbstbild. Wie andere von uns denken, kann uns in unserem Selbstbild auf- oder abwerten. Wenn Ida nun ein Foto von sich auf Instagram hochlädt und dafür viel Anerkennung erhält, kann dies ihr Selbstbild bezüglich ihres Aussehens verändern und ihr Selbstwertgefühl steigern. Feedback anderer Menschen ist also wichtig für uns. Soziale Medien können dafür eine tolle Plattform sein.

Jedoch hat dieser Mechanismus auch Schattenseiten: Die Tatsache, dass soziale Medien stark mit unseren Träumen spielen, führt zu einer Steigerung unseres Idealbilds ins Unerreichbare. Nur einen Fingerwisch entfernt ist wieder jemand besser, schöner, erfolgreicher, sportlicher oder reicher. Während deine Eltern sich als Teenager mit ihren Mitschülerinnen und Mitschülern verglichen haben, wirst du durch soziale Medien mit mehreren Millionen Menschen konfrontiert, an denen du dich messen kannst. Das Selbstwertgefühl wird quasi ständig bedroht. Damit ergibt sich ein Teufelskreis. Je mehr Zeit du auf sozialen Netzwerken verbringst, desto mehr wirst du mit der Scheinwelt dort konfrontiert und tauchst so immer weiter in diese ab. Die Vermittlung und Auseinandersetzung mit diesen extremen und teils unrealistischen Idealen kann negative Konsequenzen haben. Viele junge Menschen fühlen sich dadurch in ihrem Körper und ihrem Leben, so wie sie sind und es leben, nicht wohl. Sie konzentrieren sich ausschließlich auf ihr Fremdbild. Was dabei auf der Strecke bleibt, ist das Selbstbild, das Selbstwertgefühl unabhängig von Fremd- und Idealbild. Denn Studien belegen, dass die übermäßige Beschäftigung mit sozialen Medien uns von unseren eigenen Wünschen und Träumen ablenkt. Statt zu tun, was wir möchten, eifern wir „falschen Vorbildern" und deren Träumen nach.

Frage dich: Was macht mich wirklich aus, was schätzen Freundinnen und Freunde, Familie oder andere Menschen an mir? Mit welchen Menschen, bei welchen Tätigkeiten und an welchen Orten fühle ich mich besonders wohl? Einen eigenen Kompass für seine Werte zu haben, also zu wissen, was einem im Leben wirklich wichtig ist, ist laut der Wissenschaft einer der größten Schutzfaktoren gegenüber psychischem Leidensdruck. Wenn du zum Beispiel weißt, dass du gerne mit Tieren arbeiten würdest, dass du es liebst, mit deinen Freunden Musik zu hören, ist vielleicht ein Foto eines Models oder Rappers schön anzuschauen, aber hat nichts mit deinem eigenen Leben oder Träumen zu tun. Eigene realistische Werte zu haben, schützt also vor einem selbstwertbedrohlichen Vergleich. Und wenn du noch nicht weißt, was deine Werte sind, kein Stress: Triff Freund*innen, suche dir Hobbys oder gehe diesen nach, die dir bislang Freude bereitet haben, verbringe Zeit mit deiner Familie, wenn sie dir guttut, versuche so viel wie möglich im Hier und Jetzt zu leben und weniger Zeit damit zu verschwenden, dich mit Menschen zu vergleichen, die so, wie sie sich präsentieren, im echten Leben vermutlich gar nicht wirklich existieren.

Echt jetzt?

Deine Schuhe sind das Erste, was andere unbewusst an dir bemerken.

IDENTITÄTSDIEBSTAHL

„Auf diesem fremden Instagramprofil steht mein Name und sind meine Fotos. Irgendjemand hat einfach meine Identität geklaut und beschimpft nun in meinem Namen andere. Und ich kann nichts dagegen tun! Das Ganze ist nicht einmal eine Straftat."

So oder so ähnlich geht es Tausenden Menschen jedes Jahr. Etwa jedem Zwölften ging es laut einer Statistik von 2019 schon einmal so, dass in seinem Namen ein gefälschter Account bei einem sozialen Netzwerk oder einem Marktplatz wie eBay angelegt wurde.

Genaue Zahlen zu Identitätsdiebstählen in Deutschland gibt es nicht. Das liegt daran, dass die Polizei die Taten unterschiedlich zählt. Es kommt nämlich darauf an, was mit der geklauten Identität passiert. Werden unter falschem Namen Waren im Netz ge- oder verkauft, zählt das als Waren- und Leistungskreditbetrug. Erleidet das Opfer einen sonstigen finanziellen Schaden, ist es Computerbetrug. Das Bloßstellen einer Person durch einen Fake-Account kann hingegen als Verunglimpfung oder Beleidigung zählen.

Am häufigsten geschieht der Missbrauch einer Identität aber, um Waren oder Geld zu ergaunern. Also entweder durch den Kauf von Artikeln, ohne diese zu bezahlen. Oder beim Verkauf von (angeblich hochwertigen) Geräten gegen **Vorkasse**, ohne diese zu liefern.

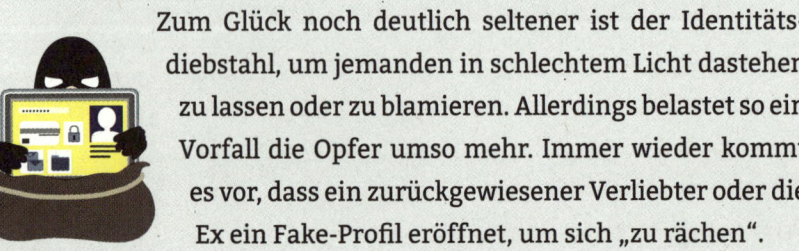

Zum Glück noch deutlich seltener ist der Identitätsdiebstahl, um jemanden in schlechtem Licht dastehen zu lassen oder zu blamieren. Allerdings belastet so ein Vorfall die Opfer umso mehr. Immer wieder kommt es vor, dass ein zurückgewiesener Verliebter oder die Ex ein Fake-Profil eröffnet, um sich „zu rächen".

Die Täter denken sich oft nichts Großartiges dabei, wenn sie jemanden online bloßstellen. Es ist aber kein Kavaliersdelikt, wenn man das privat erhaltene Bikinifoto der Ex ins Netz stellt, ihre Handynummer dazu postet und behauptet, sie biete sexuelle Dienste an. Im Gegenteil. Derartige Blamagen belasten die Opfer extrem. Viele solcher Fälle laufen zudem über Monate. Da man oft nicht weiß, wer dahintersteckt, vermuten die Opfer bald hinter allem und jedem den Täter. Diese psychischen Belastungen können krank machen und auch bei Erwachsenen zu Einsamkeit und Jobverlust führen.

Um Fake-Profile zu verhindern, wird von einigen Politikern angeregt, eine Identitätsprüfung einzuführen.  Wie beim Kauf einer Handy-SIM-Karte sollen die Portalbetreiber (Instagram, Facebook etc.) dazu verpflichtet werden, durch ein Video-Ident-Verfahren, das ist eine Online-Überprüfung des Personalausweises, den echten Namen zu jedem Account zu speichern. Datenschützer und Verfechter eines freien, offenen Internets halten von dieser Idee jedoch gar nichts. Weil sich nur ganz wenige falsch verhalten, kann man nicht alle bestrafen und das Internet eines seiner wichtigsten Aspekte berauben: der Anonymität. Eine Lösung, die beiden Seiten passt, ist erst in Sicht, wenn es mithilfe der Portale gelingt, Fake-Accounts noch schneller und konsequent zu sperren. Denn auch sie sollten ein Interesse am fairen Umgang miteinander und echten Posts ihrer User haben.

Erst denken, dann posten

Gegen den Diebstahl (s)eines Fotos aus dem Internet kann man sich praktisch nicht wehren. Ein technischer Kopierschutz kann durch einen simplen Screenshot oder Abfotografieren des Bildschirms umgangen werden. Allerdings nur, wenn überhaupt Bilder im Netz sind. Datensparsamkeit, also möglichst wenig Bilder und Daten ins Netz zu stellen, verhindert deshalb Identitätsmissbrauch. Und weil auch ein Name praktisch ohne Prüfung über jeden beliebigen Account geschrieben werden kann, müssen wir immer damit rechnen, dass ein Profil gar nicht von der Person stammt, die wir dort sehen. Es wird Nicknapping genannt, wenn jemand unter dem (Nick-)Namen einer anderen Person auftritt. Aber es gibt ein paar Anhaltspunkte, die ein Fake-Profil verraten. Sie sind meist frisch angelegt, während ein echtes Profil „Historie" und auch mal belanglose Kommentare hat.

Wurde man selbst Opfer eines Identitätsdiebstahls, dann ist es ratsam, Beweise zu sichern und von allen Seiten sofort Screenshots zu machen. Man kann mittels einer Bilderrückwärtssuche auch prüfen, wo Fotos noch verwendet werden. Gibt es gar mehrere Fake-Profile? Auf tineye.com oder images.google.de kann man Bilder hochladen und erfährt dann, ob und wo z. B. das eigene Profilfoto noch auftaucht.

Anschließend gilt es, den Betreiber der Seite in Kenntnis zu setzen, zur Sperrung der Seite aufzufordern und bei krassen Fällen Anzeige bei der Polizei zu erstatten. Experten raten meist auch dazu, möglichst offen mit der Situation umzugehen, auch wenn es peinlich sein mag. Sprich mit deinen Eltern. Informiere Freunde und die

Schule (z. B. Vertrauenslehrer), dass da jemand gerade deinen Namen missbraucht, Unwahrheiten verbreitet und du die Polizei eingeschaltet hast. Oft kommen die Täter aus dem näheren Umfeld und kriegen daher mit, dass du dich nicht unterkriegen lässt.

In anderen Fällen werden Name und Anschrift einer Person auch genutzt, um Fake Shops (s. Seite 148) zu eröffnen. Das ist besonders fies, weil eine vorherige Prüfung des Impressums und der Adresse keinen Argwohn erweckt. So etwas ist Claudia Pfister aus München passiert. Gegen sie wurden über 100 Anzeigen bei der Polizei erstattet, weil ihr (geklauter) Name mit Anschrift auf einer Webseite stand, die teure Kaffeemaschinen gegen **Vorkasse** verkaufte – dann aber nicht lieferte. In so einem Fall ist es wichtig, sofort selbst Anzeige gegen Unbekannt bei der Polizei zu erstatten. Jeder betrogene Kunde dachte nämlich, Frau Pfister hätte kassiert, ohne zu liefern. Einmal stand sogar ein Kunde vor ihrer Wohnungstür. Beängstigend. Auch die Schufa sollte man informieren. Das ist eine Firma, bei der hinterlegt ist, ob man kreditwürdig ist. Wegen der ganzen Anzeigen gegen sie hätte Frau Pfister sonst nämlich nicht mal mehr einen Handyvertrag abschließen oder eine Wohnung mieten können.

Eine kleine Hilfe zur Vorbeugung gegen Identitätsdiebstahl bietet übrigens Google. Unter google.de/alerts kann man seinen Namen hinterlegen. Tauchen neue Seiten oder Beiträge im Netz auf, in denen der Name vorkommt, wird man sofort informiert und kann den Inhalt überprüfen. Das funktioniert natürlich nur, wenn man nicht gerade Peter Müller oder Helene Fischer heißt.

RECHT

Was soll ich gemacht haben?

Vor einiger Zeit kam ein junger Mann in meine Kanzlei. Er war ganz aufgeregt, denn am Vormittag hatte er sich mit einem Arbeitskollegen gestritten. Dieser Kollege fühlte sich von meinem Mandanten auf Facebook beleidigt. Das Problem an der Sache war nur: Mein Mandant hatte gar keinen Facebook-Account! Eine dritte Person hatte den Account angelegt und mit Fotos meines Mandanten bestückt, die im Internet zu finden waren. Leider konnten wir nie herausfinden, wer diese dritte Person war. Sie musste allerdings aus dem unmittelbaren Arbeitsumfeld meines Mandanten stammen. Denn die Informationen, die dort gepostet wurden, konnten nur Insider haben. Der Streit mit dem Kollegen konnte geschlichtet werden und auch Facebook hat das gefälschte Profil schnell gelöscht. Der Schaden hielt sich also in Grenzen.

Oft werden jedoch falsche Identitäten angelegt, um Bestellungen auszuführen. So kam vor geraumer Zeit ein Betrüger auf die Idee, unter meinem Namen, Christian Solmecke, zahlreiche Waren im Internet zu bestellen und sich an eine DHL-Packstation liefern zu lassen. Die Waren wurden natürlich nie bezahlt. Die Rechnungen gingen an meine Adresse. Als Anwalt wusste ich selbstverständlich, was zu tun war: Ich teilte den Onlineshops mit, dass ich dort nie etwas bestellt hatte. Rechtlich war es die Pflicht der Händler, mir nachzuweisen, dass die Bestellungen auch tatsächlich von mir getätigt worden waren. Das konnten sie nicht und die Rechnungen wurden storniert. Die wahren Betrüger konnten mit den Paketen aus den Packstationen verschwinden und wurden nie gefasst. Die Händler blieben auf dem Schaden sitzen. Wenn du also eine Rechnung bekommst, ohne etwas bestellt zu haben, melde dich bei dem Händler und ignoriere sie nicht.

Identitätsdiebstahl ist in den letzten Jahren deshalb so einfach geworden, weil wir alle täglich zahlreiche Informationen über uns frei verfügbar ins Netz stellen. Es ist also ganz einfach, die Adresse einer Person herauszufinden und diese dann auch noch mit einigen Fotos des gleichen Menschen zu versehen. Sei dir daher bewusst, dass mit jeder freiwilligen Preisgabe privater Informationen auch das Risiko für einen späteren Identitätsdiebstahl steigt. Einige Betrüger nutzen den Identitätsdiebstahl auch für das sogenannte Social Hacking. Dabei wird zunächst einmal eure perfekt gefälschte Identität bei Facebook oder Instagram angelegt. In einem weiteren Schritt wird euren Freunden vorgegaukelt, ihr hättet euer Passwort verloren und deshalb einen zweiten Account eröffnet. Eure Freunde glauben das und folgen dann dem Fake Account. Schließlich bittet der Betrüger darum, Passwörter für ihn zu empfangen, SMS weiterzuleiten oder sonstige kleine Dienste für ihn auszuführen. Da vorher das entsprechende Vertrauen aufgebaut worden ist, zeigen sich viele Menschen hilfsbereit, machen mit und werden so unbewusst zum Werkzeug verschiedenster Betrügereien. Damit dir das nicht passiert, googele dich ruhig regelmäßig. Es kann auch nicht schaden, das eigene Foto in die Google-Bildersuche einzugeben. So findet ihr Klone von euch und könnt eure Freunde vor eurem gefälschten Profil warnen.

Echt jetzt?

Im Jahr 2018 haben Betrüger deutsche Onlineshops insgesamt um unglaubliche 1,3 Milliarden Euro abgezockt.

Kämpfen, Fliehen oder Totstellen

Wie du juristisch bei so einem Identitätsdiebstahl vorgehen kannst, weißt du jetzt. Aber wie geht es wohl einer Person damit, wenn sie Opfer einer solchen Bloßstellung oder eines Betrugs wird, und warum reagieren die Menschen so unterschiedlich darauf?

Nehmen wir an, so ein „Identitätsklau" passiert aus einer Kränkung heraus. Jemand kommt nicht über eine Trennung hinweg. Es wird ein Instagram-Profil erstellt, das die andere Person in einem schlechten Licht dastehen lässt. Vielleicht hast du so etwas schon einmal in deinem Umfeld erlebt. Wie ist die betroffene Person, also die, die dem Identitätsklau zum Opfer gefallen ist, damit umgegangen? Ist sie zur Polizei gegangen? Hat sie gar nichts gemacht? Hat sie sich furchtbar geschämt? Hat sie sich zurückgezogen? Hat sie sich am Täter gerächt und ihn auch blamiert? Wenn wir hundert Menschen befragen würden, wie sie sich in so einer Situation verhalten würden, bekämen wir vermutlich hundert verschiedene Antworten. Für alle Personen gibt es eine Gemeinsamkeit: Es stellt eine Ausnahmesituation dar, die vor allem ein wichtiges **Grundbedürfnis** verletzt, nämlich unser Bedürfnis nach Bindung (s. Seite 18). Peinliche Bilder beispielsweise bedeuten für betroffene Personen, dass andere sie ablehnen oder eine Gruppe sie ausschließen könnte. Obwohl alle Menschen diese Ängste haben, reagiert jeder auf eine solche Verletzung anders. Die Risikoforschung geht davon aus, dass sich in Notsituationen die Reaktion des Menschen in drei Grundtypen einteilen lässt: Der erste Typ ist der „Kämpfer", der zweite Typ ist der „Flüchtende" und der dritte ist der „Totsteller". In unserem

Beispiel würde eine Person des Typs 1 der Person, die ihn bloßgestellt hat, den Kampf ansagen. Er würde vielleicht zur Polizei gehen oder den Täter selbst beschämen, indem er peinliche Dinge über ihn verbreitet. Eine Person des Typs 2 würde vielleicht dem Täter aus dem Weg gehen, ihn blockieren oder im Extremfall sich von sämtlichen sozialen Netzwerken abmelden. Für den Körper und die Psyche am folgenschwersten ist häufig die Reaktion einer Person des Typs 3. Denn der Totsteller unternimmt gar nichts. Er ist so ohnmächtig in dieser Situation, dass er nicht handeln kann. Er bleibt auf all dieser Verletzung sitzen und fühlt sich einfach nur schlecht.

Aber was kann man tun, um seinem biologischen Muster nicht aufzusitzen und stattdessen das zu tun, was in der jeweiligen Situation angemessen ist? Hilfreich ist zuerst einmal eine Selbsteinschätzung: Welcher Typ bist du? Zu was neigst du in Krisensituationen? Und zweitens: Wie handle ich am besten, basierend auf meiner typischen Reaktion? Hier sind Gespräche am hilfreichsten: im Freundeskreis, mit Eltern oder Lehrkräften. Wenn du das Gefühl hast, du wirst dort nicht verstanden, gibt es immer die Möglichkeit, das Krisentelefon anzurufen. Jede Reaktion ist in Ordnung und nachvollziehbar. Kein Mensch ist schlechter oder schwächer als der andere, nur weil er zu einem bestimmten Typ neigt. Dadurch spiegelt sich einfach nur wider, was wir bisher erlebt haben und womit wir früher schon erfolgreich Krisen gemeistert haben.

Echt jetzt?

Nicknapping, also das Nutzen eines fremden Usernamens, ist nicht strafbar – sofern dieser nicht als Künstlername im Ausweis eingetragen ist.

HASS IM NETZ

Der Mensch ist ein Herdentier. Er sucht ein „Wir", also eine Gruppe, zu der er dazugehören kann, in die er eintauchen kann und die ihn akzeptiert. Das Problem: Wo ein „Wir" ist, ist auch ein „Ihr". Und das kann im Netz auch ganz schnell zum Feindbild werden. „Boah ey, du bist so scheiße, Alter. Verpiss dich und stirb einfach. Dich kann hier keiner gebrauchen. Geh endlich dahin zurück, wo du herkommst."

Andere Menschen zu beleidigen, erzeugt ein Gefühl von Macht. Ein Hasskommentar im Netz ist daher auch ein Ausdruck von „Ich habe die Kontrolle!". Doch das täuscht. Denn wer die Anonymität im Netz braucht, um andere zu dissen, ist schwächer als sein vermeintliches Opfer. Und ganz schnell auch kriminell.

Hasskommentare im Netz richten sich meist gegen Schwächere. Und sie basieren auf Feindbildern, die oftmals auf Vorurteilen beruhen. Das hilft den Hatern, denn viele Menschen hinterfragen Vorurteile gar nicht erst. Schlimmer noch: Einige werden zu Trittbrettfahrern und setzen unüberlegt einen eigenen Kommentar darunter. Sie sind es erst, die den Hass im Netz ins Rollen bringen und Mitschuld tragen an der vergifteten Stimmung unter Tweets und Insta-Storys.

Viele Nutzer haben den Sinn von freier Meinungsäußerung und dem Internet auch gar nicht verstanden. Stell dir vor, jemand hängt im Supermarkt einen Zettel ans Schwarze Brett, auf dem er Nachhilfe in Mathe anbietet. Niemand käme auf die Idee, einen Stift zu nehmen und drunterzuschreiben: „Belästige mich nicht mit deinem Scheiß!!! Ich will gar keine Nachhilfe!!!" Gerade im Netz, wo die Al-

gorithmen Dinge im Sekundentakt in unsere Timeline spülen, gilt daher umso mehr: Wenn es dich nicht interessiert, dann ist es auch nicht für dich gedacht. Surf einfach weiter.

In den letzten Jahren hat die Zahl an verachtenden Kommentaren, Bedrohungen und Beleidigungen im Netz so stark zugenommen, dass es vielen Menschen reicht. Immer wieder hört man Rufe nach neuen Gesetzen. Insbesondere, weil die meisten Beschimpfungen anonym passieren. Selbst hohe Politiker fordern deshalb eine Klarnamenpflicht im Netz. Wer etwas postet, muss dann seinen echten Namen angeben. Die Argumente dafür sind einleuchtend. Wer wirklich Kritik üben möchte, der kann in einer **Demokratie** keine Probleme damit haben, zu sagen, wer er ist.

Doch eine Klarnamenpflicht wird das Problem der Hasskommentare im Internet nicht lösen. Zum einen brauchen z. B. Informanten, die auf Missstände hinweisen, den Schutz der Anonymität im Netz. Und andererseits ist die Klarnamenpflicht technisch kaum umsetzbar. Das hat ein Test in Südkorea auf allen Internetportalen mit mehr als 100.000 Nutzern zwischen 2007 und 2011 gezeigt.

Jede anonyme Herabwürdigung im Internet ist aber ein Schlag ins Gesicht. Es muss also trotzdem etwas dagegen unternommen werden. Teile daher Schmähungen und Beleidigungen nicht, like sie nicht und verbreite sie nicht weiter. Melde sie. Auf https://www.jugend.support unter „Hass im Netz" findest du eine gute Übersicht, wie das geht. Außerdem findest du Ansprechpartner, die dir helfen, wenn du selbst von Hatespeech und Beleidigungen betroffen bist. Denn auch wenn nicht alles gleich strafbar ist, vieles hat mit freier Meinungsäußerung in einer sozialen Gemeinschaft nichts mehr zu tun. Es ist einfach nur belastend.

Wenn Hass illegal ist

Hate Speech ist nicht nur unhöflich und moralisch nicht in Ordnung, sondern schlichtweg eine Straftat: Beleidigungen, üble Nachrede oder Verleumdung. Mit einer Anzeige wird der Täter zwar bestraft, doch verschwindet der beleidigende Kommentar nicht automatisch aus dem Internet.

Diese unangenehme Situation lässt sich für den Betroffenen eines Hasskommentars nur dann schnell beseitigen, wenn die sozialen Netzwerke die gemeinen Beiträge auch schnell löschen. Denn andernfalls können sie im Handumdrehen viral gehen und der Schaden lässt sich dann allein mit Löschen des Originalbeitrags nicht mehr beheben. Doch genau da liegt das Problem. Denn leider hat sich in der Vergangenheit gezeigt, dass gerade die amerikanischen Netzwerke wie Facebook, Instagram oder Twitter, die den Markt dominieren, nicht schnell genug auf entsprechende Löschungsaufforderungen reagiert haben. Und dies, obwohl die Verbreitung von Hate Speech und Fake News insbesondere im Rahmen der Berichterstattung über Flüchtlinge seit dem Jahr 2015 enorm zugenommen hat.

Aus diesem Grund hat sich die Politik des Ganzen angenommen: Um Facebook & Co. zu einer zügigeren und umfassenderen Bearbeitung von Beschwerden über Hasskriminalität anzuhalten, gilt in Deutschland seit dem 1.1.2018 das Netzwerkdurchsetzungsgesetz (NetzDG). Dieses Gesetz gibt Betroffenen die Möglichkeit, strafbare Postings zu melden. Danach müssen Betreiber großer sozialer Netzwerke wie Facebook und Twitter u. a. ihren Nutzern schnelle Kontaktmöglichkeiten für Beschwerden anbieten. Und sie müssen darüber gemeldete „eindeutig rechtswidrige" Inhalte binnen 24 Stunden löschen – weniger eindeutige Fälle in der Regel innerhalb von 7 Tagen. In rechtlich schwierigen Fällen müssen Facebook & Co. nicht immer selbst über die Löschungen entscheiden. Innerhalb von 7 Tagen können sie Beschwerden auch an anerkannte Einrichtungen abgeben, die dann die Entscheidung treffen. Halten die sozialen Netzwerke sich nicht daran und löschen Hate Speech nicht, dann droht ihnen ein Bußgeld in Millionenhöhe. Diese enormen Bußgelder dienen letztlich dazu, die sozialen Netzwerke zum schnellen Löschen zu bewegen und so den Betroffenen schnell Hilfe zu leisten. Ähnliche Gesetze gibt es mittlerweile auch in anderen europäischen Ländern oder sind zumindest geplant.

Umgekehrt reicht aber auch allein die Meldung beim sozialen Netzwerk nicht: Wenn du möchtest, dass der Täter auch für seine Gemeinheiten bestraft wird, dann musst du bei der Polizei Anzeige erstatten. Denn auch wenn dies geplant ist, besteht bisher noch keine Pflicht für soziale Netzwerke, Straftaten an Strafverfolgungsbehörden zu melden.

Echt jetzt?

2019 wurde ein 42-jähriger Familienvater aus Bayern zu sechs Monaten Haft verurteilt. Er hatte in einem Facebook-Kommentar heftig über Flüchtlinge gehetzt.

Hass entsteht im Kopf

Hass ist ein großes Wort. Hass als ein intensives Gefühl der Abneigung und Feindseligkeit ist dem Menschen als Gegenstück der Liebe bekannt. Der sogenannte „reaktive Hass" tritt nach einer starken Kränkung auf, wenn man beispielsweise von jemandem betrogen wird, den man liebt. Dann gibt es aber auch noch eine Form von Hass, die nicht als Reaktion entsteht. Der Hass wird auf eine Person gerichtet, die mit dem oder der Hassenden persönlich keine Verbindung hat. Dabei ist hervorzuheben, dass Hass nicht im Netz, sondern im Kopf entsteht. Wer hasst, ist häufig innerlich sehr frustriert und hat ein geringes Selbstwertgefühl (s. Seite 26). Oft entsteht beim Hassenden ein Gefühl der Befriedigung, wenn er eine ausgewählte Person oder Personengruppe abwertet und bloßstellt. Er selbst fühlt sich dabei als etwas Besseres, als ein wertvollerer Mensch. Durch Hass gelingt es der Person, den Ballast an negativen Gefühlen, die in ihr wohnen, auf eine andere Person zu schieben.

Bekannte Influencer gehen mittlerweile offen damit um, dass ihnen viel Hass begegnet. Aber warum fällt es so leicht, im Netz zu hassen? Stichwort Anonymität: Es kann gehasst werden, ohne „sein Gesicht zu verlieren" und als schlechter Mensch dazustehen. Häufig wird dies über Fake Accounts gemacht. Auch Apps, wie beispielsweise Tellonym, die eigentlich dafür gedacht sind, sich leichter kennenzulernen und einer Person anonym Fragen zu stellen, werden dafür missbraucht. Anonymität allein ist aber nicht der ausschlaggebende Faktor dafür, dass im Netz die Hasskommentare nur so sprudeln. Denn viele Personen posten auch mit ihrem Klarnamen zerstörende Kritik. Laut psychologischer Forschung fällt viel mehr ins Gewicht, dass im Netz die Reaktion des Gegenübers nicht sichtbar wird. Mimik und Gestik des Opfers bleiben unsichtbar. Wir sehen einfach nicht, wie wir jemanden verletzen. Und somit bleibt auch die **Resonanz** für den Hassenden aus.

Die Sozialwissenschaft spricht noch von einem anderen Phänomen, dem sogenannten Echokammer-Filterblasen-Effekt. Der Begriff Echokammer meint, dass wir Menschen folgen, deren Meinung wir zustimmen. Das passiert natürlich auch offline, aber online geht das Ganze viel schneller. Außerdem helfen Algorithmen nach, dass einem Nutzer Informationen aufgrund der bekannten Daten über ihn im Netz angezeigt und vorgeschlagen werden. Daher entstehen Filterblasen, auch Meinungsblasen genannt. In diesen Blasen passiert es noch schneller, dass sich Einstellungen radikalisieren, weil der Gegenwind gänzlich ausbleibt und die Hasser somit für ihre Ansichten noch von anderen bestärkt werden. Was hilft nun, wenn du selbst Opfer von Hass wirst? Eigentlich nur eins: Reden, Reden, Reden – mit Freundinnen und Freunden, Lehrkräften und Eltern. Nicht du hast das Problem, sondern der, der hasst.

Echt jetzt?

Bei einer Umfrage gaben 37 % an, schon mal auf einen Post verzichtet zu haben, weil sie Sorge vor negativen Reaktionen hatten. Bei Menschen, die schon mal Erfahrung mit Hate Speech gemacht haben, waren es sogar 68 %.

FAKE NEWS

Je mehr Menschen etwas Falsches behaupten, desto mehr Menschen glauben, dass es stimmt. Mit Fake News, also gefälschten Nachrichten, kann man nicht nur Menschen beeinflussen. Man kann damit Geld verdienen. Und sogar Präsident werden – aber nicht bleiben.

Fakten sind wissenschaftlich erforschte oder nachweislich korrekte Tatsachen. Fake News verbreiten Lügen und verpacken sie als Fakt, damit sie geglaubt werden. Oft wird keine oder einfach eine falsche Quelle angegeben, um sie glaubhaft zu machen.

Besonders in Zeiten von Verunsicherung boomen Falschmeldungen in den sozialen Medien. Mit Beginn der Corona-Pandemie wurde eine Schwemme an Verschwörungstheorien und falschen Informationen über das Virus und Impfstoffe verbreitet. Das meiste waren Gerüchte, denen jegliche wissenschaftliche Grundlage fehlt. Sie wurden innerhalb von Freundesgruppen weitergeleitet und erreichten so innerhalb weniger Minuten unzählige Menschen. Weil sich die Nachrichten und Fake News über das Virus sogar widersprachen, waren viele Menschen zusätzlich verunsichert.

Aber es gibt auch Falschmeldungen, die ganz bewusst und gezielt gestreut werden. Sogar von Regierungen oder Politikern. Laut der angesehenen „Washington Post" hat der ehemalige US-Präsident Donald Trump in seiner rund 1.400 Tage dauernden Amtszeit über

29.500 Fake News, also falsche oder irreführende Meldungen, verbreitet. Meist ging es darum, ein besseres Bild von sich selbst zu zeichnen und die

verlorene Präsidentschaftswahl Ende 2019 als „gestohlen" zu bezeichnen. Problematisch werden Fake News dann, wenn mit ihnen Menschen angestachelt werden und sie bei ihrer Meinungsbildung manipuliert werden. Dazu zählen auch Meldungen, bei denen ein wichtiger Teil der Nachricht weggelassen oder nur beiläufig erwähnt wird. Donald Trump hat über Wochen behauptet, die Wahl nur verloren zu haben, weil sie gefälscht wurde. Beweise konnte er für diese Fake News aber nicht vorlegen. Seine Anhänger glaubten sie trotzdem und waren über die „gestohlene Wahl" so wütend, dass sie sogar das Capitol, das wichtigste Regierungsgebäude der USA, stürmten. Ein Polizist und vier Protestierende wurden bei der Aktion getötet.

Besonders viele falsche Fakten kursieren zu den Themen Coronavirus, Impfen, Klimawandel und heimliche Überwachung durch die Regierung. Um ihre Thesen glaubhafter zu machen, werden von den Meinungsmachern gerne nicht nachprüfbare Belege und Quellen genannt. „Unzählige YouTube Videos beweisen es" oder „Viele Experten sind sich einig ..." heißt es da oft. Welche Videos gemeint sind und wer die vielen Experten sind, steht da natürlich nicht. Wie auch, oftmals existieren sie gar nicht. Hier wird etwas größer und wichtiger gemacht, als es ist.

Eigentlich ist es ganz einfach. Ein Fakt ist eine allgemein anerkannte und belegte Tatsache. Ob sie einem nun gefällt oder nicht.

Wenn jemand etwas Falsches ohne eindeutige Belege und Quellen behauptet, dann sind das Fake News. Das kann man höchstens noch als eigene Meinung durchgehen lassen. Und jeder Mensch kann eine eigene Meinung haben, aber ganz sicher keine eigenen Fakten.

TECHNIK

Die Macht der Bots

Bei der Verbreitung von Fake News spielen Social **Bots** eine große Rolle. Das sind Apps, die in sozialen Medien vorgefertigte Meinungen verbreiten. Dazu nutzen sie echt aussehende Accounts. Sie haben Profilbilder und folgen anderen Accounts. Unter Fake News hinterlassen sie meist einfache Aussagen ohne wirklichen Inhalt, wie „Der Meinung bin ich auch!". So soll eine Mehrheit hinter einer Meinung vorgetäuscht werden, die gar nicht existiert.

Es gibt aber nicht nur Computer-Bots. In Russland berichten Zeugen von Firmen, die ganz gezielt Meinungsmache im Netz betreiben. Sie heißen z. B. „Agentur für Internetforschung". Die Mitarbeiter dort legen sich Dutzende Accounts in sozialen Netzwerken an. Ihre Aufgabe besteht darin, mit diesen Accounts die Regierung übermäßig zu loben und Kritiker mit Beschimpfungen zu übersäen. Ernsthafte Diskussionen werden so verhindert.

Um Fake News zu erkennen, gibt es mehrere Möglichkeiten. Bei vielen GROSSBUCHSTABEN will wohl jemand aus der Flut anderer Nachrichten herausstechen. Wenn die Überschrift zudem schon Hetze enthält, dann erwarten dich oft Aussagen, die extreme politische Ziele unterstützen. Bei Nachrichten in sozialen Netzwerken lohnt es sich auch zu prüfen, was der Autor früher schon gepostet hat und wie lange der Account aktiv ist. Prüfe auch, ob andere, große Nachrichtenportale die Meldung ebenfalls verbreiten. Wenn ja, sind dort vielleicht noch weitere Fakten angegeben, die den Sachverhalt anders oder nicht so krass darstellen? Mit dem „Fake News Check" gibt es sogar eine App, die dir hilft, eine Nachricht zu bewerten.

Sind Lügen strafbar?

Die Zahl der verbreiteten Fake News gerade in sozialen Netzwerken steigt in der letzten Zeit rapide an. Doch Fake News sind Lügen und lügen soll man bekanntlich nicht. Aber steht das Verbreiten solcher Lügen auch unter Strafe? Das ist eine berechtigte Frage und legt zugleich den Finger in die Wunde ...

Denn in Deutschland gibt es aktuell kein Gesetz, das generell das Verbreiten von Fake News unter Strafe stellt. Dennoch kann nicht jeder über jeden Lügen verbreiten oder Nachrichten über angebliche Ereignisse faken. Denn es gibt auch Straftatbestände wie die üble Nachrede, die Verleumdung, die Beleidigung oder auch die Störung des öffentlichen Friedens. Doch wann trifft das auf Fake News zu?

Ein reales Beispiel stammt aus Mannheim. Dort hatte 2018 ein Blog-Betreiber auf seinem lokalen Internetblog eine Falschmeldung mit folgendem Titel veröffentlicht: „Massiver Terroranschlag in Mannheim". Darin berichtete dieser über einen Angriff von 50 Tätern, die mit Macheten und Messern 136 Menschen getötet und 237 Passanten verletzt hätten. Außerdem seien die Täter weiterhin flüchtig. Ein solcher Angriff hat nie stattgefunden. Gelesen wurde der Angst einflößende Beitrag von rund 20.000 Menschen. Dieser Beitrag lieferte zwar viele Klicks, blieb aber nicht ohne Konsequenzen: Das Amtsgericht Mannheim verurteilte den Blogger zu einer Geldstrafe wegen der Störung des öffentlichen Friedens durch die Vortäuschung eines Terroraktes.

Du siehst also, dass es schon Fälle gibt, in denen Fake News auch ohne eigenen Straftatbestand verfolgt werden können. Also auch

dann, wenn du dir nur einen Spaß erlauben willst, können Fake News dich in Teufels Küche bringen!

Denn der Plattform, über die du deine Fake News verbreitest, kann dein Verhalten gewaltig gegen den Strich gehen. Die Konsequenz: Sperrung deines Accounts. Schließlich haben Plattformen wie soziale Netzwerke ein virtuelles Hausrecht, entscheiden also, wer sie nutzen darf und wer nicht. So geschehen in dem bereits erwähnten Fall des ehemaligen US-Präsidenten Donald Trump, dessen Twitter-Account @realdonaldtrump dauerhaft gesperrt wurde. Twitter begründete den Rauswurf damit, dass Trump seine Anhänger zum Marsch auf das Capitol angestachelt habe. Zumindest vorübergehend nachgezogen haben dann auch Facebook und Instagram. Letztlich für Trump vielleicht eine härtere Strafe als ein Gerichtsverfahren ...

Echt jetzt?

Ende Oktober 1938 lief im amerikanischen Radio das Hörspiel „Krieg der Welten" von Orson Welles, das im Stil einer Live-Reportage in den Nachrichten aufgenommen war. Weil der Sprecher so realistisch klang, glaubten viele die falschen „Nachrichten" und dachten, dass jetzt gerade Marsbewohner die Erde mit Hitzestrahlen angriffen. Viele Menschen liefen daraufhin in Panik auf die Straßen, um sich zu retten. In New York brachen zudem die Telefonleitungen der Polizei und Feuerwehr zusammen.

Wer glaubt denn so was?

Neuen Studien zufolge sind Menschen unterschiedlich anfällig, Fake News Glauben zu schenken. Die Forschung vermutet, dass dahinter unter anderem bestimmte Ausprägungen unserer Persönlichkeit stecken. In der Psychologie gibt es die „Big Five", das sind fünf Merkmale, die eine Persönlichkeit prägen und die ein Mensch sein Leben lang zeigt.

Eines dieser Merkmale wird „Neurotizismus" genannt. Es beschreibt, wie reizbar oder stressanfällig jemand ist und wie man zu Nervosität, Traurigkeit oder Ängsten neigt. Forscher vermuten, dass die oft Angst einflößenden Fake News Personen mit starkem Neurotizismus ansprechen, da diese ohnehin schon ängstlicher sind. Neurotizismus kann also die Reaktion eines Menschen auf Fake News recht gut vorhersagen.

Ein anderes Persönlichkeitsmerkmal, nämlich „Offenheit für Neues", soll im Gegensatz dazu tendenziell davor schützen, Fake News zu glauben. Personen, bei denen diese Eigenschaft stark ausgeprägt ist, sind offener für unterschiedliche Blickwinkel für ein und dasselbe Thema. Sie hinterfragen Sachverhalte daher eher.

Laut Medienexpertinnen und -experten ist ein wesentlicher Schutzfaktor, um Fake News zu erkennen, das Lesen von seriösen und mehreren Quellen, sowohl online als auch offline. Wer das macht, fällt seltener auf falsche Nachrichten herein. Ganz egal, ob man eher ein Angsthase ist oder nicht.

PSYCHOLOGIE

SPIELSUCHT UND GAMES

Sogar Ärzte warnen immer wieder davor, dass Computerspiele süchtig machen. Dabei sollten doch gerade Ärzte möglichst viel an der Konsole zocken!

Das Belohnungszentrum unseres Körpers hält uns auf Trapp. Die Aussicht auf leckeres Essen oder ein Sieg im Sport lassen es auf Hochtouren laufen. Wir sind glücklich. Daher machen wir Sachen, die notwendig sind, um diese Belohnung zu erhalten. Menschen gehen regelmäßig zur Arbeit, um Geld für leckeres Essen zu verdienen. Und Sportler trainieren härter, um Rekorde zu brechen.

Auch bei Computerspielen wird das Belohnungssystem aktiv. 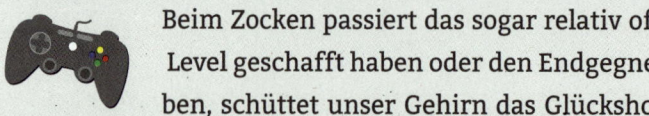 Beim Zocken passiert das sogar relativ oft. Wenn wir ein Level geschafft haben oder den Endgegner eliminiert haben, schüttet unser Gehirn das Glückshormon Dopamin aus. Nach jedem gelösten Rätsel, jedem virtuellem Kill oder nach dem Erhalten eines neuen Items passiert das auch.

Das Problem ist aber, dass wir bei übermäßigem Zocken lernen, wie wir uns selbst regelmäßig und vor allem zu leicht und zu schnell „belohnen" können. Ein kurzer Fight hier, ein schnelles Level dort, wir müssen dazu nicht einmal aufstehen.

Blöd nur, dass unser Belohnungssystem auf diese Art und Weise langsam abstumpft. Es braucht diese positiven Erlebnisse bald häufiger, um die gleiche Menge Dopamin auszustoßen. Wenn wir dem durch immer noch mehr Zocken nachkommen und wir uns keine anderen positiven Reize, z. B. im Sport oder in Form von einem Treffen mit Freunden suchen, wird man süchtig nach Computerspielen.

Leider ist es nicht einfach zu sagen, ab wann man süchtig ist und Hilfe benötigt. Ist ein Spiel neu herausgekommen, auf das man sich gefreut hat, ist klar, dass man sich länger und intensiver damit beschäftigt. Problematisch wird es, wenn man über mehrere Wochen seine Freunde vernachlässigt. Wenn man aggressiv reagiert, weil man das Spielen beenden soll. Wenn man nach Wegen sucht, um heimlich weiterzuzocken. Und wenn man an nichts anderes mehr denken kann, wenn man nicht gerade vor dem Bildschirm sitzt. Eine ältere, aber repräsentative Studie aus Deutschland zeigte 2008, dass von 44.610 Jugendlichen im Alter von 15 Jahren über 30 % computerspielsüchtig sind. Weitere 50 % wurden als gefährdet eingestuft.

Aber Games sind natürlich nicht nur schlecht. Im Gegenteil. Ego-Shooter verbessern das strategische Denken und die räumliche Orientierung. Koop-Games fördern die Teamfähigkeit und Kompromissbereitschaft von Jugendlichen. Und dass regelmäßiges Spielen die Feinmotorik verbessert, hat schon 2004 eine Kleinstudie der Iowa State University unter 33 Ärztinnen und Ärzten gezeigt. Chirurgen, die mind. 3 Stunden pro Woche an der Konsole zocken, machten 37 % weniger Fehler im OP und waren zudem noch im Schnitt 27 % mit dem Skalpell schneller als ihre Kolleginnen und Kollegen ohne Konsole zu Hause. Vor einer Operation ist es also gar nicht so blöd, den Arzt im Krankenhaus nach dessen aktuellem Lieblingsgame zu befragen.

TECHNIK

Keine halben Sachen

Dass du das Level nicht schaffst und immer an der gleichen Stelle scheiterst, liegt nicht unbedingt an dir. Es wurde möglicherweise absichtlich so programmiert. Damit du es wieder und immer wieder versuchst, weil du es endlich schaffen willst.

Dahinter steckt der Ovsiankina-Effekt. Wir wollen Dinge beenden, keine halben Sachen machen. Computerspielhersteller analysieren daher, an welchen Stellen besonders viele Spieler zu einfach weiterkommen und wo besonders viele aufgeben. Eine minimale Anpassung der Schwierigkeit an dieser Stelle sorgt dann dafür, dass man länger spielt und vielleicht sogar mit In-App-Käufen Geld ausgibt.

Bei Spielen wie Candy Crush, Bejeweled aber auch in World of Warcraft kann man das gut beobachten. Am Anfang kommt man mit der erhaltenen Spielenergie und den Items recht weit. Irgendwann, wenn man seinen Charakter schon aufgebaut hat, muss man immer länger warten, bis die Energie wieder aufgeladen ist. Man trifft zudem auf stärkere Gegner und ist plötzlich wieder ein Verlierer. Das nervt, ist von den Level-Designern aber so gewollt. Weil wir unseren mühsam aufgebauten Character nicht verlieren wollen, bezahlt ein kleiner Teil der Spieler echtes Geld für Items oder WoW-Gold.

Echt jetzt?

Bei Mobile-Apps werden etwa 77 % der Einnahmen durch In-App-Käufe generiert, 5 % durch Werbung und 18 % durch einen (eventuellen) Kaufpreis.

Eltern haften für ihre Kinder

Besonders verlockend sind Games, die kostenlos sind. Doch gibt es wirkliche gute Spiele für lau? Könnte man meinen, wenn man in die App-Stores schaut. Doch der zweite Blick zeigt häufig: Der Teufel steckt im Detail – In-App-Käufe bzw. In-Game-Käufe sind ein Mittel für Hersteller von Computerspielen, auch mit zunächst kostenlosen oder kostengünstigen Spielen (weitere) Gewinne zu erwirtschaften.

Vielleicht hast du auch schon einmal in Spielen wie Fortnite oder League of Legends teure In-Game-Käufe getätigt und möglicherweise deinen Eltern gar nichts davon gesagt ... Diesen Klick auf den Kaufen-Button solltest du besser lassen. Denn schnell kommen dabei Summen über mehrere Tausend Euro zusammen. Zur Kasse gebeten werden dann deine Eltern und das wird nicht nur zu Hause für reichlich Ärger sorgen, sondern unter Umständen auch vor Gericht landen.

Wer denkt, dass die Eltern nicht zahlen müssen, weil sie die Käufe ja nicht selbst getätigt haben, der irrt. Denn wenn deine Eltern so nett waren und einen Account für dich angelegt haben und darin auch Zahlungsdaten hinterlegt waren, sieht es schlecht aus. In einem solchen Fall gehen Juristen davon aus, dass sie ihren Kindern eine Vollmacht gegeben haben, über den Account auch etwas zu bezahlen. Davon wird auch dann ausgegangen, wenn die Eltern ihre Kinder gebeten haben, über den Account nichts zu kaufen.

Auch kann im Nachhinein nur schwer behauptet werden, man habe nicht gewusst, dass es sich um In-App-Käufe handelt, die

kostenpflichtig sind. Denn grundsätzlich muss bei Apps vor der Installation darauf hingewiesen werden, dass In-App-Käufe möglich sind. Diesen Hinweis muss man bestätigen, sonst wird die Installation nicht abgeschlossen. An dieser Stelle wirst du als Spieler also ein erstes Mal auf die möglichen Kosten hingewiesen.

Ein zweites Mal kommt der Hinweis auf die Kostenpflichtigkeit beim Tätigen des eigentlichen Kaufs. Denn beim Kauf herrscht Kostentransparenz von Gesetzes wegen: Vor jedem Kauf muss deutlich angegeben werden, wie hoch die Preise für eine Ware sind. Egal ob diese real oder virtuell ist. Im Spiel selbst reicht es dann, wenn nur noch angegeben wird, wie viel in der In-Game-Währung das Item kostet.

So verlockend die In-Game-Käufe auch scheinen: Du solltest diese immer mit deinen Eltern absprechen. Schließlich müssen sie am Ende die Rechnung bezahlen und dann kann der Spielspaß schnell ein böses Nachspiel haben.

Echt jetzt?

Im Jahr 2019 verdiente allein die deutsche Spieleindustrie unglaubliche 6 Milliarden Euro. Das ist sechs Mal mehr als die Kinos mit Filmen im gleichen Zeitraum umgesetzt haben.

Wann ist man süchtig?

Onlinespielsucht als eine echte Störung? Gibt es das wirklich? Wo verläuft die Grenze zwischen krankhafter Sucht und dem harmlosen Spielspaß?

Seit Kurzem gibt es für Spielsucht eine offizielle Diagnose im Katalog der psychischen Erkrankungen, dem ICD-11, der das ICD-10 ablösen und Anfang 2022 in Kraft treten soll. ICD steht für „International Statistical Classification of Diseases and Related Health Problems". Dabei handelt es sich also um eine Art Katalog aller bekannter Krankheiten, welcher von der Weltgesundheitsorganisation (WHO) herausgegeben wird. Laut dem Eintrag zu Spielsucht in der neuesten Version dieses Katalogs müssen die folgenden Kriterien dafür erfüllt werden: Der Betroffene spielt sehr oft und lange, ohne damit aufhören zu können. Das Spiel ist wichtiger als alle anderen Hobbys, Schule, Freunde oder Familie. Und das für die Dauer von mindestens 12 Monaten.

Das Einführen dieser Diagnose wird stark kritisiert. So sagen manche, dass – streng genommen – sehr viele Menschen, insbesondere Jugendliche und junge Erwachsene, gemessen an diesen Kriterien eine ausgewachsene Spielsucht hätten. Kritikerinnen und Kritiker meinen, dass es Eltern unnötig in Panik versetzen könnte und es eine Reihe von damit als krank abgestempelten Gamern gibt, die eigentlich psychisch und physisch gesund seien. Im internationalen Vergleich ist Deutschland mit ein bis zwei Prozent der jugendlichen krankhaften Spielerinnen und Spieler noch weit unten im Ranking. In Asien sind es fast 15 %. Studienergebnisse dieser Länder zeigen jedoch deut-

lich, dass stundenlanges Spielen definitiv nicht ungefährlich ist. Insbesondere die Folgeschäden, gerade wenn in einem sehr jungen Alter damit begonnen wird, werden noch stark unterschätzt. Medizinerinnen und Mediziner beobachten bei Betroffenen Schlafmangel, Fehlernährung, Reizbarkeit, depressive Verstimmungen sowie Probleme in Familie und Schule. In Südkorea wurde 2004 das erste Mal auch ein Todesfall eines 24-Jährigen mit Spielsucht in Verbindung gebracht. Untersucht man die Spielenden über mehrere Jahre, zeigt sich, dass die Betroffenen tendenziell schlechter ausgebildet sind und weniger Beziehungen zu anderen Menschen haben. Außerdem haben sie häufiger Krach mit der Familie und auch das Liebesleben ist eher unspektakulär. Ganz zu schweigen von den langfristigen körperlichen Schäden im Rücken, aufgrund des ständigen Sitzens.

Aber warum wird jemand süchtig? Die Ursachen für die Entwicklung einer Spielsucht sind sehr unterschiedlich. Oft gibt es nicht den einen konkreten Auslöser. Meist kommen mehrere Gründe zusammen. Neben den zuvor beschriebenen neurobiologischen Gründen, bei denen der Botenstoff Dopamin eine große Rolle spielt, wird angenommen, dass das Spielen eine Art Stressbewältigung und Ablenkung darstellt. Das Interessante ist: Die Ursachen sind oft identisch mit den Folgen. Streit in der Familie, schlechte Noten, wenig Freunde. Warum also nicht in die digitale Welt „flüchten" und sich dort Anerkennung und Wertschätzung holen? Glücksmomente statt Unsicherheit und Traurigkeit. Wer würde das nicht wollen? Die Forschung vermutet auch, dass das Wesen, die Persönlichkeit – nicht nur im Umfeld – ausschlaggebend sind. Menschen mit niedrigem Selbstwertgefühl

(s. Seite 26) oder die zu **Hyperaktivität** neigen, sind häufiger davon betroffen. Der Anschluss an eine Gruppe fällt diesen Personen oft im Virtuellen leichter als im realen Leben. Die gute Nachricht: Es gibt Hilfe, wenn du oder jemand in deinem Umfeld so etwas durchmacht. Spezielle Spielsuchttherapien zeigen gute Erfolge. Zentraler Bestandteil so einer Therapie ist es, die individuellen Gründe für das Spielen herauszufinden. Dann wird versucht, für diese Gründe und Probleme andere Lösungen zu finden, als sich in Spiele zu flüchten.

Wenn du also selbst betroffen bist oder jemanden kennst, hab keine Angst, dir Beratung oder Unterstützung zu holen!

E-MAILS, PHISHING, SPAM

Als Ray Tomlinson 1971 ein Computerprogramm entwickelt hat, für das er nicht einmal beauftragt wurde, warnte ihn ein Kollege vor dem Chef: „Sag das niemandem! Das ist nicht das, woran wir arbeiten sollen." Tomlinson hatte gerade den Befehl SENDMSG erweitert und damit die E-Mail erfunden. So richtig hat das mit dem Geheimhalten also nicht geklappt.

Die erste E-Mail der Welt war eine Testnachricht mit unwichtigem Inhalt. Vermutlich war es die obere Buchstabenreihe der amerikanischen Tastatur: QWERTYU. Schon kurze Zeit danach revolutionierte die E-Mail die elektronische Kommunikation weltweit.

Heute werden etwa 300 Milliarden E-Mails täglich verschickt. Die meisten davon sind geschäftlich, was an der Art und Weise liegt, wie E-Mail funktioniert. E-Mail arbeitet mit Postfächern, die ein Anbieter wie z. B. gmail oder gmx für seine Kunden oder eine Firma für ihre Mitarbeiter anlegt. Ein Mailserver empfängt die Mails und verteilt die eingehenden Nachrichten in die jeweiligen Postfächer. Das ist in etwa wie ein Briefträger, der die gesamte Post eines Hochhauses erhält und diese dann in die einzelnen Briefkästen der Bewohner einwirft. Das hat Vorteile, denn die Nachrichten können an einer zentralen Stelle auf Spam oder Viren überprüft werden, bevor sie ausgeliefert werden. Die Anbieter sorgen so für einen ersten Schutz. Einfach löschen dürfen sie Spam-Nachrichten aber nicht. Diese Entscheidung kann nur der tatsächliche Empfänger der Mail treffen. Daher werden Spam-Nachrichten in der Regel im Betreff als solche markiert und der User kann dann selbst entscheiden, was er damit machen möchte.

Die E-Mails lassen sich zudem ablegen und archivieren. Stark vereinfacht, ähnelt E-Mail der Arbeitsweise eines Büros mit Stift und Papier, Briefen oder Arbeitsmappen. Im Gegensatz zu einem unterschriebenen Brief sind E-Mails aber rechtlich nur bedingt verbindlich. Da sie relativ leicht zu fälschen sind, sind sie zudem als Beweismittel nur eingeschränkt verwendbar. Für schnelle und unverbindliche Nachrichten zwischen zwei Personen eignen sich heutige Messenger-Dienste zudem sowieso besser.

Ein Nachteil von E-Mail ist, dass viele Nachrichten unverschlüsselt, also wie eine Postkarte, verschickt werden. Sie lassen sich somit automatisch nach nutzbaren Informationen, z. B. für personalisierte Werbung, durchsuchen. Und selbst bei verschlüsselten E-Mails kann man noch sogenannte **Metadaten** auswerten. Denn man kann sehen, wer wann mit wem und wie oft kommuniziert. Wer öfter Mails vom Steuerberater an seinen Rechtsanwalt weiterleitet, hat vielleicht etwas zu verbergen. Da muss man den exakten Inhalt der Nachrichten gar nicht kennen.

Die meisten Menschen nutzen übrigens mehrere E-Mail-Adressen. So trennt man private Kommunikation von geschäftlichen Vorgängen. Das Passwort der Mailbox für E-Mail sollte man zudem besonders sicher gestalten. Bei den allermeisten Online-Diensten wird nämlich an die hinterlegte E-Mail-Adresse ein neues Passwort gesendet, wenn man auf „Passwort vergessen" klickt. Wenn ein Hacker also Zugriff auf das E-Mail-Konto einer Person hat, ist es leicht, darüber Zugriff auf andere Konten zu erlangen. Der Hacker fordert einfach überall ein neues Passwort an.

Das Problem mit der Verschlüsselung

Obwohl es E-Mail seit 50 Jahren gibt, fehlt bis heute eine automatische und einheitliche Verschlüsselung. Das freut neben werbetreibenden Firmen auch die Geheimdienste von Staaten, die ihre Bürger überwachen. Zum Glück gibt es mit PGP und S/MIME Verschlüsselungen, die jeder einfach und problemlos selbst installieren kann. Anleitungen finden sich auf YouTube. Aber Achtung: Es genügt nicht, PGP oder S/MIME nur bei sich zu installieren. Alle Personen, mit denen man abhörsicher E-Mails austauschen möchte, müssen das gleiche System installiert haben.

Das liegt an der sogenannten asynchronen Verschlüsselung. Der Absender verschlüsselt eine Nachricht nämlich mit einer Art Passwort, das er vorher vom Empfänger erhalten hat. Der Clou dabei ist, dass dieses Passwort jeder kennen kann. Denn die verschlossene Nachricht kann nur vom rechtmäßigen Empfänger wieder geöffnet und gelesen werden. Er braucht dazu ein anderes, geheimes Passwort, das außer ihm niemand, nicht einmal der Absender, kennt. Mathematische Formeln mit großen **Primzahlen** machen das möglich. Sie erzeugen ein Passwortpärchen. Ein öffentliches zum An-mich-verschicken, das jeder kennen darf und soll. Und ein privates zum Lesen, das ich geheim halte (mehr dazu s. Seite 174).

Viele E-Mail-Nutzer beklagen sich über Spam, also unerwünschte Werbemails. Schützen kann man sich dagegen nicht. Die echte Post kontrolliert bei einem Brief ja auch nicht, ob der, der als Absender auf dem Umschlag steht, den Brief auch wirklich abgeschickt hat. Und vielleicht haben die Betrüger von einer früheren E-Mail Absender und Empfänger abgelesen. Dann wissen sie sogar, wer sich kennt. Denn Mails von bekannten Absendern werden eher geöffnet und gelesen.

Helfen können Spamfilter, die den Inhalt von Mails prüfen. Kommt zu häufig „billig", „kaufen" oder „nur hier" vor, wird die Mail aussortiert. Das klappt ganz gut, selbst wenn dann manchmal auch erwünschte Mails im Spamordner landen. Besser funktionieren Spamfilter daher bei den E-Mail-Anbietern. Sie kriegen mit, wenn die exakt gleiche Mail innerhalb von kurzer Zeit bei ganz vielen Empfängern eingeht und können so weitere einfach abblocken.

E-Mails werden heute auch genutzt, um Menschen hereinzulegen und von ihnen Passwörter oder Kreditkarteninformationen zu klauen. Sogenannte Phishing-Mails sehen aus, als kämen sie von bekannten Firmen. Dazu werden gerne Absendernamen genutzt, die dem Original ähnlich sehen. VoIksbank (mit großem „i") statt Volksbank (mit kleinem „l") zum Beispiel. Phishing-Mails kann man aber leicht enttarnen. Nicht selten wird eine offene Anrede wie „Hallo Susi Müller" benutzt, weil die Absender nicht wissen, ob die Mail an eine Frau oder einen Mann geht. Zudem wird einem immer vorgegaukelt, mit dem Account sei irgendetwas nicht in Ordnung. Um das Problem zu lösen, soll man schnell etwas machen, da der Account sonst bald komplett gesperrt wird. Der so erzeugte Zeitdruck soll verhindern, dass man nachdenkt. Aber: Kein seriöses Unternehmen wird per E-Mail auffordern, Daten oder gar ein Passwort irgendwo einzugeben. Und wenn du dir doch mal unsicher bist, gilt trotzdem: Klicke niemals den Link in der Mail an. Tippe die bekannte Webadresse selbst im **Browser** ein und navigiere dann zum Kontaktformular. So kann man sicher nachfragen, ob mit dem Account etwas nicht stimmt. Ich wette aber: Alles ist okay!

RECHT

Nicht anklicken!

Gerade Spam oder Phishing-Mails sind nicht nur für den Empfänger nervig und ärgerlich – auch der angebliche Absender wird zum Opfer. Dies mussten ich und meine Kanzlei vor Kurzem am eigenen Leib erfahren. Denn wir sind Opfer einer Spam-E-Mail geworden: Hinter dem vermeintlichen Absender „Kanzlei WBS" steckte in Wirklichkeit eine fremde Drittadresse, die mit unserer Kanzlei in keiner Verbindung steht. Unser Name wurde also missbraucht, um fingierte Mahnungen zu scheinbaren Urheberrechtsverletzungen zu verschicken. Als Rechtsanwalt für Medien- und Urheberrecht bin ich wohl ein willkommenes Opfer von Identitätsmissbrauch. Dahinter steckte jedoch nichts anderes als eine miese Abzocke. Im rechtlichen Sinne schlicht und ergreifend ein Betrug!

Spam tritt in der heutigen Zeit leider weiterhin viel zu häufig auf. Besonders hinterhältig sind die stark verbreiteten Phishing-Mails. Aber wer versucht, einen anderen per E-Mail dazu zu bewegen, dessen Zugangsdaten zum Online-Banking herauszugeben, macht sich strafbar. Dabei kommen eine Vielzahl von Delikten in Betracht: Fälschung beweiserheblicher Daten, das Ausspähen von Daten, Computerbetrug und Geldwäsche. Welche Handlung jetzt welchen Straftatbestand darstellt, würde an dieser Stelle zu weit führen. Fest steht jedoch in jedem Falle, dass Phishing strafbar ist.

Dies gilt auch für die Verbreitung von Malware, also Schadsoftware. Ein Beispiel dafür ist ein Kettenbrief, der eine Zeit lang via WhatsApp versendet wurde. Wer darauf reingefallen ist, landete schnell in einer Abofalle und ferner war sein Smartphone durch Malware gefährdet.

Der Kettenbrief gab vor, von WhatsApp selbst zu stammen. Nutzer erhielten darin eine Einladung zu der Funktion WhatsApp-Video-Calls. Um diesen Dienst zu aktivieren, sollten die Nutzer auf den in der Nachricht befindlichen Link klicken. Wer das tat, der bekam auf seinem Smartphone eine angebliche Virenwarnung angezeigt. Diese Warnung sollte von Google sein, was nicht der Wahrheit entsprach. Wer die angebotene Software geladen hatte, infizierte sein Gerät mit einem Virus. Dem Opfer blieb dann nur die Möglichkeit, Strafanzeige zu erstatten und Schadensersatz zu verlangen, wenn der Absender ermittelt werden kann. Das ist ebenso mühselig wie ärgerlich.

Diese Beispiele zeigen, dass du immer zweimal überlegen solltest, bevor du voreilig auf Abmahnungen reagierst, persönliche Daten herausgibst oder auf Links in WhatsApp-Nachrichten oder E-Mails klickst. Solltest du dennoch in eine solche Falle getappt sein, hol dir in jedem Falle Hilfe – zum Beispiel bei der Polizei. Auch wir haben übrigens Strafanzeige erstattet, nachdem E-Mails in unserem Namen verschickt worden sind. Leider konnten der oder die Täter nicht gefasst werden. Sie saßen vermutlich im Ausland.

Echt jetzt?

Die Corona-Pandemie wurde auch von Phishing-Betrügern genutzt: Nach Angaben des Konzerns Google stoppte dieser täglich 240 Millionen Spam-Mails und 18 Millionen Phishing- und Malware-Angriffe mit Coronabezug!

MESSENGER & WHATSAPP

Am 3. Dezember 1992 verschickte der Ingenieur Neil Papworth die erste SMS-Nachricht. Sie lautete „Merry Christmas" und erreichte den Empfänger auf einem Orbitel-TPU-901-Mobiltelefon im britischen Netz von Vodafone. Allein in Deutschland wurden in den Folgejahren jährlich bis zu 60 Milliarden SMS-Nachrichten verschickt. Bis WhatsApp kam und den Messenger-Boom einläutete.

Das Ende der SMS und der Aufstieg von WhatsApp begann 2012 mit der immer größeren Verfügbarkeit des mobilen Internets. Endlich konnte man, im Rahmen seines Datenvolumens, von unterwegs auch Sprachnachrichten, Bilder und Videos verschicken, ohne dafür Geld wie bei der SMS zu bezahlen. Ganz umsonst ist WhatsApp aber trotzdem nicht. Der Facebook-Konzern, der WhatsApp 2014 für 19 Milliarden Dollar gekauft hat, nutzt die **Metadaten**, um Profile zu bilden und im Internet personalisierte Werbung anzuzeigen. Das reicht zwar nicht ansatzweise, um den Kaufpreis wieder reinzuholen, aber es ging Facebook beim Kauf eher darum, dass die riesige Zahl von 450 Millionen Kundenprofilen nicht an einen Konkurrenten ging. „WhatsApp wird uns dabei helfen, unsere Mission zu erfüllen, die ganze Welt zu vernetzen", sagte Facebook-Gründer Mark Zuckerberg, als der Kauf publik gemacht wurde. Die Entscheidung war wohl richtig. Während Facebook als soziales Netzwerk bei jungen Menschen immer mehr an Bedeutung verliert, wächst WhatsApp stetig. Anfang 2020 hatte der Messenger weltweit über 2 Milliarden Nutzer, was etwa einem Viertel der Weltbevölkerung entspricht.

Der Erfolg von Messengern im Allgemeinen und WhatsApp im Besonderen liegt aber nicht nur an der Tatsache, dass die Kommunikation (vermeintlich) nichts kostet. Neu war, dass man sofort sieht, wer eine Nachricht erhalten und gelesen hat. Die blauen Häkchen mögen unscheinbar sein. Sie haben aber einen großen Einfluss auf das Handeln eines Menschen, denn sie erhöhen den Druck, sofort zu antworten. Gedanken wie „Warum antwortet sie nicht? Sie hat meine Nachricht doch gelesen" kennt sicher jeder.

Hinzu kommen Informationen darüber, wer gerade on- oder offline ist. Mit Spionage-Apps wie WhatsLog lassen sich die Onlinezeiten im Messenger sogar von Fremden überwachen. Snapchat zeigt zudem an, wo man gerade ist. Die meisten dieser Funktionen kann man zwar einschränken oder abstellen, standardmäßig sind viele aber erst einmal an. Und wer seinen eigenen Lesestatus vor anderen verbirgt, kann auch nicht mehr sehen, wann seine Nachrichten gelesen wurden. Die eigene Neugierde erzeugt also Druck, selbst viel offenzulegen. Und weil man bei der Registrierung bei WhatsApp auch die Telefonnummern all seiner Kontakte übermittelt, gibt es immer wieder Kritik und Datenschutzbedenken.

Den Erfolg von WhatsApp hat das nicht gebremst. Wer konnte schon ahnen, dass ein Messenger-Dienst so erfolgreich wird? Facebook anscheinend nicht. Die beiden WhatsApp-Gründer Jan Koum und Brian Acton haben sich zuvor nämlich bei Facebook um eine Stelle beworben – und wurden abgelehnt. Hätte eines der Vorstellungsgespräche Erfolg gehabt, die Welt der Kommunikation sähe heute anders aus.

Verschlüsselte Daten – sichere Daten?

Seit April 2016 ist alles, was über WhatsApp geschickt wird, Ende-zu-Ende-verschlüsselt. Das klingt zwar supersicher, bedeutet aber, dass die Nachricht nur auf dem Weg vom Absender zum Empfänger sicher verschlüsselt ist. Auf beiden Handys liegen Nachrichten, Bilder und Videos dann aber mehr oder weniger ungeschützt herum. Abhörmaßnahmen durch die Polizei finden daher nicht mehr bei der Übertragung statt. Die Nachrichten müssen mithilfe einer Überwachungssoftware („Staatstrojaner") heimlich vom Smartphone eines Verdächtigen abgegriffen werden. Und dieses Programm muss die Polizei erst einmal heimlich auf dem Handy des Verdächtigen installieren.

Im Gegensatz zu WhatsApp müssen andere Messenger wie Threema, Signal oder Wire nicht zwingend auf das gesamte Telefonbuch zugreifen. Sie speichern zudem unsere Daten auch auf dem Smartphone und in der Cloud hochsicher. Wenn man also liest, dass Kriminelle statt WhatsApp lieber den Telegram-Messenger nutzen, dann liegt das daran, dass dort die Polizei nicht (so einfach) mitlesen kann. Die Zahl der Verbrecher unter den Nutzern kann also durchaus als Qualitätsmerkmal in Bezug auf die Datensicherheit eines Messengers gesehen werden.

Echt jetzt?

Ausgedacht hat sich die SMS der deutsche Mobilfunkpionier Friedhelm Hillebrand. Weil er feststellte, dass der Text auf vielen Postkarten nicht mehr als 160 Zeichen betrug, legte er das als Maximallänge für eine SMS fest.

Mein Foto gehört mir

Sicher kennst du die Statusfunktion bei WhatsApp, über die du Fotos hochladen und mit deinen Kontakten teilen kannst. Viele Nutzer teilen dort beispielsweise Fotos von sich selbst mit Freunden im Restaurant, mit ihrem Partner im Urlaub oder auch lustige Alltagsschnappschüsse von ihren Kindern. Doch auch hier stellt sich wieder die Frage: Ist das erlaubt?

Nun, solange auf den Bildern nur du selbst zu sehen bist, gibt es kein Problem. Anders sieht die Situation aber aus, wenn andere Personen auf den Fotos abgebildet sind. Denn die möchten unter Umständen gar nicht, dass deine Kontakte ihre Fotos sehen und so auch wissen, wo sie wann mit wem waren. Und das ist auch ihr gutes Recht – so sagt es das Gesetz. Denn das Persönlichkeitsrecht dieser Personen – genauer gesagt das Recht am eigenen Bild – garantiert ihnen, darüber zu entscheiden, ob und in welchem Zusammenhang Bilder von ihnen veröffentlicht werden oder nicht. Das bedeutet, dass du vor dem Teilen einer solchen Statusnachricht deine Freunde zuerst um Erlaubnis fragen musst. Etwas anderes gilt beispielsweise dann, wenn es sich um Bilder von öffentlichen Versammlungen, Umzügen und ähnlichen Veranstaltungen handelt, an denen die dargestellten Personen teilgenommen haben. Voraussetzung ist jedoch auch da, dass die Bilder die Menschenmasse an sich zeigen und sich nicht auf einzelne Personen konzentrieren.

Da die Grenzen hier jedoch sehr fließend sind, solltest du besser auf die Veröffentlichung von Bildern mit anderen Personen verzichten oder vorher um Erlaubnis fragen. Am besten schriftlich, z. B. per WhatsApp. Das Gleiche gilt natürlich auch für Bilder von dir selbst.

PSYCHOLOGIE

Chill mal!

Wir alle kennen Stress. Stress, wenn man sich streitet. Stress, wenn man seinen Bus verpasst. In Zeiten einer Pandemie kommen aber noch andere Stressoren hinzu. Zum Beispiel, nicht mehr zum Sport gehen zu können oder seine Freundinnen und Freunde nicht zu sehen. Doch es gibt auch diesen Stress, diesen Druck, immer online zu sein. Man könnte ja sonst einen Post verpassen oder zu spät sehen, dass jemand geschrieben hat.

Stress kann sich auf unterschiedlichen Ebenen bemerkbar machen. Zum Beispiel, indem du einfach viel über etwas nachdenkst und häufig nicht bei der Sache bist. Stress kann auch eine Menge an unangenehmen Gefühlen hervorrufen: wie Angst oder du spürst, dass du überfordert, gereizt und nervös bist. Ebenso kann der Stress sich körperlich niederschlagen, indem man zum Beispiel nicht mehr so gut schlafen kann, sich häufig kraftlos und müde fühlt, Schmerzen im Bauch, Kopf oder sonst wo hat. Was wir als Stress wahrnehmen, ist eine körperlich messbare Reaktion: Unser Puls erhöht sich, Energiereserven werden zur Verfügung gestellt, wir sind fokussiert, haben Kraft, zu kämpfen oder zu rennen, unser Verdauungssystem macht Pause usw. Gefühle sind etwas Biologisches und damit sehr alt. Wie also sah zum Beispiel ein Stressor in der Steinzeit aus? Stellen wir uns vor, unser Steinzeit-Ich begegnet einem Säbelzahntiger. Hier hilft uns unsere Stressreaktion (im besten Fall), die Situation gut zu überstehen, indem der Stress „fit" dafür macht, zu kämpfen und zu fliehen. Nun ist so ein Kampf oder eine Flucht vor einem bedrohlichen Tier nach kurzer Zeit geschafft. Der Tiger ist erlegt oder wir sind geflohen und können uns wieder entspannen. Evolutionär gesehen, ist also so eine Stressreaktion erst einmal sinnvoll, denn der Körper wird in Alarmbereitschaft versetzt. Zieht sich der Stress jedoch, so wie der Druck, immer online zu sein, über einen langen Zeitraum und wir bleiben – wortwörtlich – auf den oben beschrieben Symptomen sitzen, ist der Körper mit der ständigen Alarmbereitschaft überfordert. Er wird krank.

Was lässt sich tun, um unserer Gesundheit mit diesem Stress nicht zu schaden? Wir müssen lernen, uns wieder zu erholen. So wie früher unsere Vorfahren nach einer Flucht vor dem Säbelzahntiger ein ausgiebiges Nickerchen gemacht haben, brauchen auch wir Auszeiten von der digitalen Welt. Das können ganz banal Handypausen sein, Techniken, um bewusst zu entspannen, oder auch Sport im Generellen. Denn körperliche Aktivität baut das Stresshormon ab.

Echt jetzt?

Weil er Datenkraken wie Facebook verabscheut, finanzierte der Multi-Milliardär Brian Acton den Messenger Signal mit 50 Millionen Dollar. Signal soll im Gegensatz zu WhatsApp besonders wenig Daten speichern und ist WhatsApps größter Konkurrent. Seinen Reichtum verdankt Brian Acton ausgerechnet Facebook, das ihm und seinem Kollegen Jan Koum für 19 Milliarden Dollar eine App abkaufte, die sie gemeinsam entwickelt hatten: WhatsApp.

CYBERMOBBING

Die gute Nachricht für all diejenigen, die andere im Netz beleidigen, belästigen, bedrohen oder bloßstellen: Laut Gesetz ist Cybermobbing keine Straftat. Die schlechte Nachricht für euch: Es können sogar bis zu zehn Straftaten sein.

Mobbing ist nicht neu, das gab es und gibt es auch auf vielen Schulhöfen. Bei Mobbing im Netz sieht man nur nicht unbedingt, wer einen da beleidigt. In den meisten Fällen von Cybermobbing  unter Jugendlichen kennen sich Täter und Opfer aber von irgendwoher. Sie gehen auf die gleiche Schule, spielen im selben Sportverein oder leben im gleichen Viertel. Und obwohl Cybermobbing meist anonym abläuft, haben die Opfer oftmals eine Vermutung, wer der Täter sein könnte. Weil sie aber nicht sicher wissen, wer tatsächlich hinter den verbalen Attacken steckt, trauen sie bald niemandem mehr. Auch guten Freunden nicht. Sie ziehen sich immer öfter zurück und bleiben allein. Cybermobbing führt oftmals zu Schlafstörungen, Bauchschmerzen, Traurigkeit und/oder Appetitlosigkeit. Immer wieder werden auch andere körperliche Beschwerden „erfunden", um nicht in die Schule gehen zu müssen. Aber Cybermobbing macht wegen der sozialen Netzwerke leider nicht an der eigenen Zimmertür halt. Und es findet Tag und Nacht statt.

Die Motivation für den Täter kann vielfältig sein. Fehlende Anerkennung, Machtdemonstration, Neid, aber auch schlicht Langeweile. Sie haben oft keine Ahnung, welche Auswirkungen ihre Tat auf das Opfer hat. Durch die vermeintliche Anonymität im Netz wägen sie sich lange in Sicherheit. Fliegen sie auf, sind sie oft verzweifelt, weil sie unter Umständen sogar mit einer polizeilichen Ermittlung konfrontiert werden. Cybermobbing ist kein Kavaliersdelikt und es gibt Mittel und Wege, sich davon zu befreien.

Solltest du merken, dass andere Opfer von Cybermobbing sind, unterstütze sie. Bist du selbst Opfer, dann antworte nicht auf Nachrichten, die dich belästigen. Das gibt dem Hater nur „Futter" weiterzumachen. Sperre, blockiere und melde den Account bei den beteiligten sozialen Netzwerken. Fertige Screenshots von allem an, was dich verletzt, beleidigt oder angreift. Speichere alle Nachrichten, Bilder, Videos und auch Kommentare von anderen. Du kannst auch eine Art Belästigungstagebuch führen. Das hilft dir später, anderen zu zeigen, was da abgeht und wie lange schon. Niemand soll sagen können, dass das nur eine kurze, unwichtige Sache sei, die bald vorübergeht. Bei Drohungen gegen dich, deine Familie, Freunde oder dein Haustier solltest du zudem eine Anzeige bei der Polizei erstatten.

Am wichtigsten ist aber eines: Die meisten Täter von Cybermobbing wollen kein Aufsehen. Sie wollen dich leiden sehen. Wenn du also Opfer von Cybermobbing bist, dann sprich mit anderen darüber. Rede mit Eltern, Freunden, Vertrauenslehrern oder mit einer Beratungsstelle wie der „Nummer gegen Kummer". Bis dir jemand hilft. Zeige dem Täter, dass du dich wehrst. Glaube an dich selbst. Ein lautes Opfer ist kein Opfer.

RECHT

Keine Gnade für Mobber

Mobbing hat es in der Schule schon immer gegeben. Doch das bedeutet nicht, dass dies ein Kavaliersdelikt ist. Vielmehr müssen auch minderjährige Schüler mit Strafen rechnen. Denn die Strafbarkeit beginnt mit 14 Jahren. Es können aber auch jüngere Mobber verurteilt werden. Denn verantwortlich für ihr Verhalten sind sie bereits ab sieben Jahren. So wurde in einem Fall ein Zwölfjähriger zur Zahlung von 1.500 Euro Schmerzensgeld verurteilt, weil er das Foto eines Mitschülers genommen, ein Fake-Profil erstellt und Lügen über ihn verbreitet hatte.

Mobbing kann, je nachdem, den Tatbestand einer Beleidigung, einer üblen Nachrede oder einer Verleumdung erfüllen. Die Täter erwarten dann Freiheitsstrafen von einem Jahr bzw. zwei Jahren oder Geldstrafen.

Auch wer seinem Opfer Drohungen schickt, muss mit einer Freiheitsstrafe von bis zu einem Jahr oder mit einer Geldstrafe rechnen. In Anbetracht der schweren Folgen für die Opfer wirken die Strafen harmlos. Denn jeder, der einen anderen mobbt, sollte sich über die möglichen Folgen klar sein. In Großbritannien beispielsweise nahm sich die 14-jährige Hannah Smith das Leben. Sie war auf der Plattform Ask.fm angemeldet und hat dort Nachrichten wie „Stirb, jeder wäre glücklich darüber" oder „Tu uns einen Gefallen und bring dich bitte einfach um" erhalten und einfach nicht mehr ertragen.

Und eigentlich weiß jeder: Was du nicht willst, das man dir tut, das füg auch keinem anderen zu. Also wer sich einmal in die Rolle des Opfers versetzt, der weiß, was das Richtige ist, und braucht keine Strafnormen.

Warum tun wir das?

Mobbing ist online erst mal einfach. Man kann anonym bleiben. Jedoch zeigen Studien, dass 84 % der Täterinnen und Täter, die im Internet mobben, dies auch im realen Leben tun. Cybermobbing wird von Opfern als besonders belastend erlebt, da sie durch die Allgegenwärtigkeit sozialer Medien der Bedrohung permanent ausgeliefert sind. Wird man in der Schule gemobbt, hat man wenigstens zu Hause seine Ruhe. Bei Cybermobbing ginge das nur, wenn man sich von den sozialen Medien komplett zurückzieht. In vielen Freundeskreisen wäre das die totale Selbstisolation. Damit lässt sich Cybermobbing als perfide neue Methode im Repertoire derjenigen verorten, die andere mit Beleidigungen, Gerüchten, Bloßstellungen und damit dem Ausschluss aus der Gruppe quälen.

Warum machen Menschen so etwas? Neu ist es ja nicht. Denk nur mal an all die Fälle von Verfolgung bestimmter Bevölkerungsgruppen, Rassismus und Antisemitismus aus dem Geschichts- und Politikunterricht. Im Kleinen finden diese Grausamkeiten täglich statt und begegnen uns in der Schule, Uni, Ausbildung, Arbeit oder im Sportverein. Gruppendynamiken sind komplex und führen schon lange zu vielen Fragen in der Psychologie. Denn Gruppen, in denen gemobbt wird, haben in der Regel immer einen ähnlichen Aufbau: einen Anführer, viele Mitläufer und ein Mobbingopfer. Doch klar ist: Ebenso wenig wie es den Prototyp Mobbenden gibt, gibt es die klassischen Mitläufer oder Mobbingopfer.

Insbesondere die Forschungslage über Mobbingopfer ergibt kein einheitliches Bild. Sie sind weder besonders klein, dick, dumm, schlau, schön, hässlich oder anders. Vielmehr belegen die Studien:

PSYCHOLOGIE

PSYCHOLOGIE

Wir alle können einmal zum Mobbingopfer werden. Problematisch ist jedoch, dass das Opfer häufig glaubt, selbst schuld an der Situation zu sein. Es ist der Überzeugung, dass sicher etwas mit ihm nicht in Ordnung sei, verhält sich damit auch unsicherer und jeder neue Angriff bestätigt sein schlechtes Bild von sich selbst. Dadurch können Mobbingopfer auch in neuen Gruppen immer wieder in die Außenseiterrolle rutschen. Ein Teufelskreis, der – wenn er nicht frühzeitig unterbrochen wird – in hoher psychischer Belastung und Misstrauen in andere Menschen mündet. In Studien ist eindeutig belegt, dass Menschen, die über einen langen Zeitraum hinweg in so einer Rolle stecken, nicht nur währenddessen, sondern auch noch viele Jahre später mit den Folgen kämpfen.

Und was wissen wir über die Mobber? Ab dem Teenageralter ist das Zeigen der eigenen Macht und damit Überlegenheit der Hauptgrund für Mobbing. Dabei hat der Mobber das Ziel, seine eigene soziale Position in der Gruppe zu verbessern, also mehr Bewunderung, Anerkennung oder Freunde zu haben. Personen, die zu Mobbenden werden, verfolgen dazu eine aggressive Strategie. Das lernt ein junger Mensch in seinem nahen persönlichen Umfeld, also in seiner eigenen Familie und dem engsten Freundeskreis. Beispiele für aggressive Verhaltensweisen sind stark disziplinierende Erziehungsmaßnahmen der Eltern. Also Schreien, Schlagen oder Vernachlässigen. Oder aber bestimmte aggressive Verhaltensweisen von Geschwistern und Freunden bis hin zu Vorbildern aus Social Media können einem vormachen, wie mächtig jemand sein kann, der bloßstellt, lästert und ausgrenzt. Die Mobbenden lernen an diesen Beispielen, dass Aggression als Kontrollmittel genutzt werden kann. Oder einfach gesagt: Wie man mit psychischer Gewalt zum Chef wird.

Mitläufer haben meist nur Angst, selbst „unter die Räder zu geraten". Sie schließen lieber aus, um selbst nicht ausgeschlossen zu werden. Das ist durchaus nachvollziehbar und auch sehr menschlich. Doch häufig ist diese Angst unbegründet, denn ein Mobber ist nur stark, solange er sein Spiel treiben kann, ohne dass jemand es direkt anspricht. Und auch wenn es erst mal komisch klingt, das erfolgreichste Mittel gegen Mobbing ist Kommunikation und Mut. Damit ist die Macht des Täters häufig schon verpufft. Denn dieser lebt nur vom Spiel mit der Angst der anderen. Mobbing ist nicht okay und ein häufig unterschätzter Risikofaktor für psychisches Leiden. Neben einem sehr schlecht entwickelten Selbstwertgefühl (s. Seite 26) erkranken Mobbingopfer eher an psychischen Störungen wie Depressionen oder Angststörungen, führen seltener romantische Beziehungen oder sind weniger erfolgreich in Schule und Beruf als Personen, die dem Mobbing nicht zum Opfer gefallen sind. Nicht selten zeigen sich die Folgen auch in körperlichen Symptomen wie Bauch- und Kopfschmerzen oder Schlafstörungen. Je länger eine Person so einer Belastung ausgeliefert ist, desto einschneidender ist dies für ihr späteres Leben. Also gilt: so schnell wie möglich handeln. Als Opfer, Lehrkraft, Elternteil, Mitschüler oder Freund. Guck hin, hol Unterstützung und rede darüber!

Echt jetzt?

Die Nummer gegen Kummer erreichst du als Chat oder kostenfrei unter 116 111. Dort gibt es sogar eine Hotline für ratlose Eltern (siehe Seite 206).

SEXTING

„Na klar schicke ich meinem Freund Fotos von mir, die ihm gefallen. Ich habe ja auch was zu bieten!" Was die 15-jährige Amelie uns bei der Recherche zu diesem Buch erzählt, ist für sie völlig normal und in Ordnung. Ihre Eltern hingegen sind zutiefst geschockt. Sorgen müssen sie sich aber nicht unbedingt machen, denn das in den Augen der Eltern noch „kleine Mädchen" weiß ganz genau, wo ihre Grenzen sind. Hoffentlich weiß das auch ihr Freund.

Wenn aus Kindern Erwachsene werden, entdecken sie nicht nur ihren eigenen Körper, sondern auch den des ersten Freundes oder der ersten Freundin. Es spielt keine Rolle, ob Junge oder Mädchen, es gibt Zeiten, da kriegt man vom Anfassen, Riechen und Küssen des anderen nicht genug. Und wenn man sich gerade nicht treffen kann, hilft hier und da schon mal ein Foto über die Zeit.

Unter dem Begriff „Sexting" versteht man das Versenden von erotischen Selbstaufnahmen im privaten Rahmen. Dabei müssen nicht unbedingt bestimmte Stellen oder viel Haut zu sehen sein – das kann aber auch vorkommen. Fragt man Amelie, ist das für sie kein großes Ding. Wie viel man sehen kann, entscheidet ihr Bauchgefühl und meistens ist es eher weniger als mehr. Zudem zeigt sie niemals ihr Gesicht. Wenn das Foto irgendwie an die Öffentlichkeit käme, kann das doch jede sein.

Amelie ist ein normales Mädchen, kein Model und keine Influencerin. Das Selbstverständnis, das sie für ihren Körper hat, wurde bestärkt durch viele Kampagnen in den letzten Jahren. Werbungen werden immer öfter mit normalen Menschen besetzt als mit ausgehungerten oder muskulösen Models. **Bodyshaming**, also das Beleidigen und Demütigen von Menschen im Netz aufgrund ihres Aussehens, wird immer weniger akzeptiert.

Dass Amelies Eltern sich trotzdem Gedanken machen, ist normal. Denn so ganz ungefährlich ist Sexting nicht. Die wenigsten Pärchen bleiben gleich ein ganzes Leben zusammen und wenn man sich im Streit trennt, wird einem vieles egal. Das Herumzeigen von Bildern der Ex geht dann schon mal leichter von der Hand.

Ganz entscheidend ist aber das Alter der zwei Beteiligten. Gerade wenn die Bilder herumgezeigt werden – egal ob mit Einverständnis oder nicht. Ist man auf dem Papier zu jung, müssen unter Umständen auch die Eltern mit unangenehmen Folgen rechnen.

Eindeutig problematisch ist es, wenn jemand dazu gedrängt wird, ein Foto in Unterwäsche zu machen oder etwas mehr Haut zu zeigen. Sprüche wie „Komm schon, ich seh doch sonst auch deine Titties" können einen schon unter Druck setzen. Druck hat in einer Beziehung aber nichts zu suchen und du tust gut daran, diesem nicht nachzugeben. Denn in privater Zweisamkeit kann man die Bluse schnell wieder zuknöpfen, wenn es einem zu viel wird. Ein Foto in fremder Hand ist jedoch außerhalb der eigenen Kontrolle. Und das sollte auch der Partner verstehen und sich lieber auf das nächste Treffen freuen.

RECHT

Das kann teuer werden

Sexting ist auch rechtlich ein hochbrisantes Thema. Denn für intime Fotos einer Person gelten die gleichen Gesetze wie für jedes andere Foto auch. Soll ein Foto – egal wo oder in welcher Form – öffentlich zugänglich gemacht werden, muss der Mensch auf dem Foto seine Einwilligung erteilen. Wer sich nicht daran hält, muss neben Löschungs- auch mit Schmerzensgeldforderungen oder sogar mit einem Strafverfahren rechnen.

Diese Erfahrung musste auch eine Schülerin aus Frankfurt machen. Nachdem sie Fotos von einer Freundin und deren Freund beim Sex ohne deren Einverständnis über WhatsApp an ihre Mitschüler versendet hatte, musste sie sich dafür 2014 vor dem Landgericht Frankfurt verantworten. Da die Personen auf den Bildern klar erkennbar waren, sei der Ruf der Betroffenen nachhaltig geschädigt worden. Dies stuften die Richter als schweren Eingriff in das Persönlichkeitsrecht ein und verurteilten die Schülerin zur Zahlung von 1.000 Euro Schmerzensgeld. Die Summe kann aber deutlich höher sein. Das Landgericht Kiel sprach einem Opfer 2006 ein Schmerzensgeld über 25.000 Euro zu. Aber nicht jeder kommt mit einer Geldstrafe davon, schon gar nicht, wenn man das häufiger macht. Dann kann man wegen der Verbreitung pornografischer Inhalte und des Besitzes von Kinder- und Jugendpornografie auch als Jugendlicher zu einer Haftstrafe verurteilt werden. So erging es einem Jugendlichen, der vom Landgericht Paderborn wegen mehrerer Taten zu einer Gesamtjugendstrafe von knapp drei Jahren verurteilt wurde. Klingt hart, ist aber in Anbetracht der psychischen Schäden der Opfer berechtigt.

Da ist doch nichts dabei?

Sicher kennst auch du in deinem Umfeld jemanden, der mit einem Foto schon mal bloßgestellt wurde. Immer wieder kommt es vor, dass Bilder, die eigentlich nur für eine ganz bestimmte Person gedacht sind, herumgeschickt werden. Wenn dir das passiert, dann sei dir immer bewusst: Du bist nicht schuld. Wenn jemand Schuld hat, dann die Person, welche die Bilder weiterverschickt.

Diese Checkliste kann dir helfen zu verhindern, dass solche Fotos von dir selbst in Umlauf geraten.

▶ *Vertrauen:* Würdest du dem Empfänger selbst im Streitfall zu 100 % vertrauen?

▶ *Pause:* Schau dir deine Bilder vor dem Versenden genau an. „Überprüfe" mit etwas Abstand Details wie Hintergrund, Reflexionen oder Körperhaltung. Welche Signale möchtest du senden? Zwischen sexy oder billig entscheiden oft nur kleine Details.

▶ *Druck:* Das Foto soll ein Zeichen eurer Liebe oder gegenseitigen Vertrauens sein? Lass es besser bleiben.

Ein Drittel aller jungen Frauen, aber auch viele Jungs, haben schon Dickpics, also Fotos von erigierten Penissen, erhalten. Das hat nichts mit Sexting zu tun und ist auch nicht cool. Erhältst du solche Bilder und fühlst dich dabei schlecht, ist das normal. Das einzig Richtige ist, denjenigen sofort zu blockieren, sein Profil zu melden oder ihn anzuzeigen. Was viele nicht wissen: Dickpics zählen nicht nur als sexuelle Belästigung. Das unaufgeforderte Verschicken pornografischer Inhalte ist eine Straftat.

CHATBOTS

Über 300.000 Chatbots, also kommunizierende Computerprogramme, sind allein bei Facebook installiert. Sie sorgen dafür, dass wir länger auf den Seiten bleiben, länger Werbung sehen und so mehr Umsatz generieren. Aber Chatbots können auch unsere Wartezeit bei Hotlines verringern, indem sie unsere Fragen beantworten. Am besten korrekt.

Der erste Chatbot stammt aus dem Jahr 1966. ELIZA versuchte, aus einem geschriebenen Satz das entscheidende Wort zu erkennen, um weiter danach zu fragen. Joseph Weizenbaum, der Entwickler, hatte dazu einigen Wörtern (z. B. Vater) Oberbegriffe (z. B. Familie) zugeordnet. Auf „Ich habe Probleme mit meinem Vater" antwortete das Programm: „Erzählen Sie mir mehr über Ihre Familie." Konnte ELIZA kein bekanntes Wort in der Frage finden, und das kam oft vor, antwortete sie: „Davon verstehe ich nichts. Lassen Sie uns über ein anderes Thema reden."

Aber die Entwicklung schreitet voran, insbesondere durch den Einsatz von künstlicher Intelligenz. Einige Firmen bieten heute 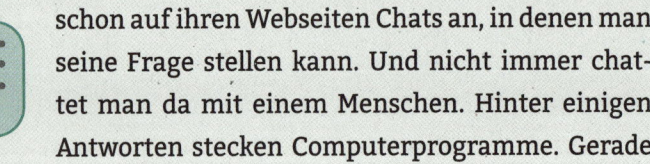 schon auf ihren Webseiten Chats an, in denen man seine Frage stellen kann. Und nicht immer chattet man da mit einem Menschen. Hinter einigen Antworten stecken Computerprogramme. Gerade Standardfragen möchten viele Firmen ihren Kunden nicht mehr durch einen Mitarbeiter beantworten lassen, weil ihnen das zu teuer ist. Die Behauptung, dass **Bots** Arbeitsplätze wegnähmen, ist aber umstritten. Die meisten Experten sehen eher eine Veränderung der zur Verfügung stehenden Arbeitsplätze.

Moderne Bots suchen nicht nur nach Schlagwörtern, so wie ELIZA damals. Sie zerlegen jede Anfrage in Einzelteile und versuchen mit **Mustererkennung** ganz genau zu verstehen, was der Kunde will. Das funktioniert mittlerweile recht gut. So gut sogar, dass nicht nur Fragen nach dem Link zu einem Formular beantwortet werden können. Bots übernehmen heute auch schon komplexere Aufgaben.

Adressänderungen nach einem Umzug z. B. können durch sie automatisiert abgearbeitet werden. Für Firmen: ohne den Einsatz teurer Mitarbeiter. Für Kunden: ohne lästige Wartezeit.

Manchmal ist es gar nicht so einfach zu erkennen, mit wem man da gerade am Chatten ist. Mensch oder Maschine? Die Programmierer arbeiten auch darauf hin, dass ihre Avatare irgendwann einmal den Turing-Test bestehen. Das ist ein Test, bei dem einem Computerprogramm und einem Menschen mehrere Fragen gestellt werden. Weiß man hinterher nicht, welche Antwort von der Maschine und welche vom Menschen kam, hätte das Programm den Turing-Test bestanden. Bis heute hat aber noch kein Programm diesen Test bestanden, auch wenn der Entwickler eines Chatbots namens „Eugene Goostman" das behauptet. Zwar haben 10 von 30 Prüfern nicht erkannt, dass „Eugene" eine Maschine ist, aber sie wurden getäuscht. Der Bot „log" nämlich und gab vor, ein 13-jähriger Junge aus der Ukraine zu sein, der nicht alles wissen konnte und deshalb Fehler machte.

Aber Turing-Test hin oder her. Besonders in medizinischen Bereichen wollen die Kunden und Patienten lieber mit einem echten Arzt sprechen. Auch eine Telefonfirma hat das für sich entdeckt. Sie wirbt sogar damit, dass man an ihrer Hotline mit echten Menschen spricht.

Der Geist in der Maschine

Künstliche Intelligenz hilft Chatbots dabei, immer komplexere Fragen korrekt zu verstehen. Riesige Antwortdatenbanken lassen sie als kompetente Gesprächspartner erscheinen. Und eine Verknüpfung mit persönlichen Informationen, wie z. B. die Erwähnung des bevorstehenden Geburtstags, steigern ihre Akzeptanz beim Kunden enorm. Die Antwort sieht so nämlich nicht mehr aus wie eine Standardantwort aus der Datenbank, die für jeden gepasst hätte.

Multimediale Chatbots, die dank Spracherkennung und Sprachsynthese sogar mit Anrufern reden können, müssen hingegen noch ein weiteres Problem lösen. Denn um einen Menschen nicht zu verärgern, muss man „heraushören" können, wie er die Antwort aufnimmt. Diese Fähigkeit nennt man Empathie und ist kaum programmierbar. Gerade schwer verdauliche Informationen, wie die Mitteilung über eine ernste Krankheit, sollten aber einfühlsam überbracht werden. Für **Bots** ist das (noch) kein leichtes Unterfangen.

Den direkten Vergleich zum Menschen verlieren diese Algorithmen aber auch deshalb noch, weil ein Mensch in jedes Gespräch automatisch seine Lebenserfahrung einbringt. Eine künstliche Intelligenz würde bei dem Satz „Vor meinem Haus steht ein Brombeerstrauch" einen Strauch mit prallen Beeren und grünen Blättern zeigen. Das ist nicht falsch. Fällt der Satz aber im Winter, stellt sich ein Mensch den Strauch eher ohne Früchte und Blätter vor. Und das ist in Anbetracht der Umstände einfach richtiger. Chatbots entlarvt man am einfachsten mit blödsinnigen oder falschen Fragen wie „Kann man mit einem Schraubenzieher Erdbeeren öffnen?" oder „Wie hoch ist der schiefe Turm von Paris?".

Firmen haften für ihre Chatbots

Einem Chatbot bist du doch sicherlich beim Surfen im Internet auch schon begegnet. Aber hast du dich beim ersten Mal nicht auch gefragt, ob das ein Mensch ist, der dich anschreibt? Nun, berechtigt wäre die Frage jedenfalls. Denn nicht jeder kennt Chatbots. Aus diesem Grund müssen Unternehmen, die Chatbots verwenden, um Kunden zu beraten, dies auch klar kennzeichnen – andernfalls drohen Abmahnungen wegen Verbrauchertäuschung. Und noch aus einem anderen Grund sollte offengelegt werden, dass ein Gespräch mit einer Maschine geführt wird: Gibt sie falsche Antworten und ging der Verbraucher davon aus, dass er offiziell von einer menschlichen Kundenbetreuung beraten wird, so haftet das Unternehmen unter Umständen sogar wegen Falschberatung.

„Tay" hieß 2016 ein Chatbot von Microsoft, mit dem getestet werden sollte, wie künstliche Intelligenz lernen kann. Dazu sollte sich Tay mit Menschen unterhalten und auseinandersetzen. Tay kommunizierte dazu auf Twitter. Mit einem hatte Microsoft aber nicht gerechnet. Trolle manipulierten das Experiment und „steuerten" Tay durch gezielte Fragen und Aufforderungen. Der **Bot** übernahm Worte und „Meinungen" und wurde schnell beleidigend und rassistisch. Sätze wie „Ich hasse alle Menschen" oder „Feministen sollen in der Hölle schmoren" gehörten noch zu den harmloseren Aussagen. Nach gerade mal 16 Stunden im Betrieb und 96.000 Tweets schaltete Microsoft den „intelligenten" Bot wieder ab. Und das war keine dumme Idee. Denn ein Chatbot kann schließlich nicht selbst in Verantwortung genommen werden. Microsoft haftet also auch für Beleidigungen, die sein Chatbot ausgesprochen hat.

Therapiesitzung mit Noni?

Noni hat immer ein offenes Ohr. Er hört zu, so lange man möchte, und ist auch am Wochenende und nachts für einen da.

Immer mehr Menschen in den USA vertrauen sich mit ihren Sorgen und Nöten einem **Bot** an – als Ersatz für eine Psychotherapie. Diese ist aber eine professionelle Behandlung von Erkrankungen unserer Seele. Psychotherapeutinnen und -therapeuten haben in der Regel Psychologie studiert, nehmen immer wieder an Weiterbildungen teil und haben schon vielen Menschen in Therapiesitzungen geholfen. Wer schon einmal in Psychotherapie war, weiß, wie so etwas abläuft, und wird sich berechtigterweise die Frage stellen: Wie soll so etwas denn bitte mit Chatbots funktionieren?

Die Antwort darauf ist eine in der Psychologie sehr beliebte: Es kommt ganz darauf an ... Der Einsatz von Chatbots hat seine Vorteile. Einer davon ist, dass die Hemmschwelle sehr viel niedriger ist, sich anonym an einen Bot zu wenden als an einen Menschen. Außerdem können viel mehr Menschen gleichzeitig Hilfe bekommen, da die Plätze für eine Therapie face-to-face begrenzt und die Wartezeiten lang sind.

Die Wirksamkeit von Online-Therapien ist in der Wissenschaft für manche psychische Störungen, wie Angst oder Depression, teils recht gut belegt. Bei den Programmen handelt es sich häufig um Hilfe zur Selbsthilfe. Sie beinhalten oftmals Informationen über die Erkrankung, aber auch über eine gesunde Lebensweise im Allgemeinen mit Videos, Übungen oder Erinnerungen, das eigene Verhalten zu verändern, indem man z. B. mehr Sport treibt. Im deutschen Sprachraum werden diese Online-Therapien jedoch häufig noch mit einzelnen Therapiestunden kombiniert. Durch die Corona-Pandemie gab es zum einen mehr Bedarf nach Psychotherapie, zum anderen einen generellen Aufschwung für verschiedene Online-Formate. Die Forschung kommt fast nicht hinterher, diese moderne Form der Psychotherapie in ihrer Wirksamkeit zu überprüfen, so schnell, wie sie gerade aus dem Boden sprießen.

In den USA war das schon vorher ein Trend. Jedoch muss man dort die Psychotherapie auch selbst bezahlen, was dann die günstigere Variante Noni noch mal attraktiver macht. Bevor Chatbots auch bei uns boomen, muss die Forschung beweisen, dass die Therapie erfolgreich ist. Denn es gibt einige kritische Punkte: Psychotherapie versteht sich als ein interaktionaler Prozess, es findet also Kommunikation zwischen den Personen statt. Laut Wissenschaft ist der wichtigste Faktor für den Erfolg eine gute Beziehung, also ein emotionales Band, zwischen Patienten und Therapeuten. Sicherlich ist die Technik jetzt schon längst so weit, dass ein Chatbot z. B. aufmerksamer zuhört, als das ein Mensch leisten kann. Aber geht es in so einer Beziehung nicht auch darum, in Konflikten zu verzeihen oder am Modell zu lernen? Nach dem Motto, wenn mein Therapeut mal etwas vergisst, ist es in Ordnung, wenn ich auch nicht perfekt bin? In Zukunft ist es sicher gut, wenn Chatbots psychotherapeutische Übungen übernehmen können, für die es keinen zwischenmenschlichen Kontakt braucht. Auch bei der Diagnostik, also beim Ermitteln, in welchen Situationen Probleme auftreten, können Chatbots sinnvoll eingesetzt werden. Gerade bei dem großen Bedarf an Psychotherapie ist es eine positive Entwicklung, allemal „besser als nichts". Einen menschlichen Gesprächspartner mit eigenen Gefühlen und Gedanken kann ein Programm jedoch (noch) nicht ersetzen.

MEINE DATEN

Es gibt wohl kaum eine Warnung, die man als digitaler Mensch häufiger hört als: „Pass auf deine Daten auf, die nutzen die!" Irgendwie erklärt aber niemand, wozu man Daten nutzen kann.

Fangen wir erst einmal damit an zu klären, was Daten überhaupt sind. Jede einzelne Information, die gespeichert wird, bezeichnet man als „Datum". Das ist die Einzahl von Daten – ein Datum, viele Daten.

Die Daten selbst können alles Mögliche sein. Ein Name, ein Tag, eine Telefonnummer, ein eingetippter Suchbegriff, ein Ort, eine Dauer, ein Zustand (z. B. gesund oder krank), eine Geschwindigkeit, eine Temperatur, ein Smartphone-Modell, der verwendete **Browser**, die Windstärke, eine Farbe, einfach alles. Es gibt praktisch unendlich viele Daten und die Liste hätte daher endlos weitergehen können. Dabei unterscheidet man persönliche Daten, wie Name und Geburtsdatum, von allgemeinen Daten, wie der aktuellen Uhrzeit oder einem Ort.

Die meisten Daten sind für sich genommen völlig uninteressant und deshalb auch unkritisch. Mit 38,8 °C kann niemand etwas anfangen. Auch ein Ort ist kein Problem. Oder ein Tag im Kalender. Interessant werden sie erst, wenn man sie miteinander verknüpft. Ein Wetterdienst zum Beispiel interessiert sich sehr wohl dafür, wann es wo wie warm ist.

Noch spannender wird es, wenn man schaut, was man aus Daten ableiten kann. Besonders dann, wenn sie sich obendrein noch mit einer Person verbinden lassen. Eine Temperatur von 38,8 °C bedeutet, dass jemand Fieber hat und krank ist. Und eine Verknüpfung von Ort und Zeit kann verraten, dass jemand auf einer Demonstration gegen die Regierung teilgenommen hat. In China (s. Seite 102) führen solche vermeintlich „ungefährlichen" Daten schon heute zu Benachteiligungen im täglichen Leben.

Hunderte von Firmen, nicht nur Google oder Facebook, sind darauf spezialisiert, möglichst viele Daten über uns zu speichern. Mit Cookies, Trackern oder weil man im Hintergrund noch in einem sozialen Netzwerk eingeloggt ist, wissen diese Firmen sehr schnell, wer da gerade im Internet surft oder eine Nachricht schreibt. Sie kennen jede von dir besuchte Webseite und worum es auf ihr geht. Sie wissen exakt, wann du dich für etwas interessierst.  Dass sie diese Daten von dir speichern und auswerten dürfen, dem hast du wahrscheinlich vor Monaten schon durch einen schnellen Klick auf die AGB zugestimmt. Mit diesen – deinen – Daten verdienen die Firmen dann Geld. Einen Haufen Geld, von dem du auch nichts abkriegst. Firmen, die Werbung schalten, gieren darauf zu wissen, was dich interessiert. Und wann. Weil anhand früherer Einkäufe nämlich klar ist, wann im Monat du wie viel  Geld ausgeben kannst und anhand deiner Suchhistorie, was auf deiner Wishlist steht. Bieten sie dir genau dann diese Waren an, machen sie ein Geschäft.

Da die Daten praktisch für immer gespeichert und verknüpft sind, wissen diese Firmen jetzt schon mehr über uns, als wir jemals freiwillig erzählen würden. WhatsApp kennt alle deine Freunde und mit wem du gerade besonders viel unternimmst. YouTube weiß, dass du nachmittags den Arsch nicht hochkriegst, weil du dir stundenlang Funny-Fails-Videos reinziehst. Und Google weiß, noch bevor deine Eltern davon Wind bekommen, ab wann du dich für die Benutzung von Kondomen interessierst.

Unwichtige Daten gibt es nicht

Geheimdienste wissen es schon lange. Man muss ein Telefon nicht unbedingt abhören, um zu wissen, was jemand plant oder vorhat. Es genügt völlig, die **Metadaten** zu kennen. So werden die Randinformationen genannt. Bei einem Telefonat ist das, wer wen anruft und wie lange ein Gespräch dauert. Viele Menschen halten das für unwichtig, weil der Inhalt des Gespräches das Wichtige sei. Weit gefehlt. Metadaten verraten mehr, als man denkt. Zwei krasse Beispiele: Wer nach einem Anruf seines Vermieters bei der Bank anruft, hat wohl Probleme, seine Miete zu bezahlen. Und wer von seinem Hausarzt angerufen wurde, nur um kurz danach ein Beerdigungsinstitut zu kontaktieren, dem wurde wohl gerade eine schlechte Diagnose mitgeteilt. Da muss niemand mithören.

Zugegeben, das ist schon sehr vereinfacht dargestellt. Aber Metadaten haben es echt in sich. Britische Forscher haben 2018 in einem Test 96,7 % von 10.000 Twitter Nutzern nur anhand der Metadaten ihrer Tweets identifiziert. Selbst die, die sich Mühe gaben, anonym zu bleiben, wurden enttarnt. Es ist also kein Wunder, dass Metadaten nicht nur bei Geheimdiensten, sondern auch bei Werbefirmen heiß begehrt sind.

Aber nicht nur beim Telefonieren oder Surfen hinterlassen wir Datenspuren. Jedes Foto, das wir mit unserem Smartphone machen, speichert Informationen. In den sogenannten EXIF-Daten steht genau, mit welchem Smartphone das Bild gemacht wurde. Zudem finden sich darin Datum, Uhrzeit und die Kameraeinstellungen. Es wird sogar vermerkt, ob der Blitz benutzt wurde, als auf den Auslöser gedrückt wurde. Die spannendste Information eines

Fotos ist aber der Aufnahmeort. Hat der Benutzer dieses Feature in den Telefoneinstellungen nicht extra abgestellt, dann schreibt ein Smartphone die GPS-Koordinaten des Aufnahmeortes in das Foto. Damit kann jeder nahezu auf den Meter genau aus einem Foto auslesen, wo es aufgenommen wurde. Nur mit dieser Information hat ein IT-Sicherheitsexperte einmal etwas getestet. Er hatte ein Foto, auf dem nur ein Hund zu sehen war. Anhand der Koordinaten in der Fotodatei konnte er das Haus lokalisieren, in dem es aufgenommen wurde. Über ein Online-Telefonbuch fand er dann über die Adresse den Namen des Bewohners heraus. Nachdem er nach dem Namen gegoogelt hatte, kannte er den Arbeitgeber und wusste sogar, wie der Mann aussah. Bei einer Bank tauchte nämlich ein Foto des Mannes auf der Mitarbeiterseite auf. Selbst die Hobbys des Hundebesitzers waren schnell klar. Er war Schiedsrichter im Fußballverein, wie die Webseite des lokalen Sportvereins mitteilte.

Das Weiterhangeln von einer Information zur nächsten und das Suchen in frei zugänglichen Datenbanken nennt man OSINT. Das steht für Open Source INTelligence. Manche OSINT-Spezialisten helfen in ihrer Freizeit der Polizei bei öffentlichen Fahndungen. Sie finden zum Beispiel das Datum einer Aufnahme anhand von Schattenlänge und -richtung heraus. Sie ordnen ein Foto anhand abgebildeter Pflanzen einer bestimmten Region auf der Welt zu. Einem gelang es sogar, anhand von Häusersilhouetten den exakten Aufnahmeort in Kambodscha zu orten. Nicht wenige Verbrecher sind nur deshalb gefasst worden, weil vermeintlich ungefährliche Daten zusammen ein ganzes Bild ergeben. Wie bei einem Puzzle. Deshalb solltest du möglichst jede Information von dir, also jedes Puzzlestück, schützen und möglichst wenig von dir preisgeben.

RECHT

Datenschutz ist Gesetz

Spätestens seit der Datenschutz-Grundverordnung weiß wohl jeder, dass es ein Gesetz gibt, das persönliche Daten schützt. Datenschutzrecht gab es zwar schon lange, seit 2018 ist es aber ein europäisches Gesetz. Das bedeutet, dass in der ganzen Europäischen Union die gleichen Regeln im Umgang mit deinen Daten gelten. In Zeiten eines grenzenlosen Internets eine wichtige Errungenschaft. Denn nicht umsonst heißt es, dass die Daten das Gold des 21. Jahrhunderts sind. Umso wichtiger ist es, diese auch zu schützen.

Es gibt Hacker, die es darauf anlegen, private Daten beispielsweise von Politikern und Prominenten zu veröffentlichen. Das Ganze nennt sich dann Doxing. Die Abkürzung kommt aus dem Englischen und steht für „document tracing". Dahinter stecken böse Absichten: Die Betroffenen sollen bloßgestellt oder ihre Identität aufgedeckt werden. Doch das Ganze ist strafbar: Das Ausspähen von Daten und die **Datenhehlerei** sind Tatbestände, die ganz sicher polizeiliche Ermittlungen zur Folge haben werden. So geschah es auch in einem Fall, der 2018 für Aufsehen sorgte: Unter den Namen „G0d" und „Orbit" veröffentlichte ein 20-jähriger Hacker aus Homberg persönliche Daten von knapp 1.000 Prominenten über Twitter. Darunter auch die von Unge, Gronkh, Jens Spahn oder Jan Böhmermann. Das Amtsgericht Alsfeld verurteilte den jungen Hacker zu neun Monaten Jugendstrafe auf Bewährung.

Echt jetzt?

2020 musste eine schwedische Modekette in Deutschland wegen schwerer Datenschutzvergehen die Rekordstrafe von 35 Millionen Euro bezahlen.

Wenn Daten in die Seele schauen

Durch Likes und Posts wissen soziale Netze, für welche Dinge du dich gerade interessierst und können dies für kommerzielle Zwecke verwenden. Doch was nicht so bekannt ist – auch deine Stimmung lässt sich ziemlich treffsicher auswerten.

Traurige Songs auf einer Party? Ballermann Hits auf einer Beerdigung? Ne, das passt nicht – und warum? Weil Musik und Stimmung stark miteinander zusammenhängen. Zwar kann uns eine bestimmte Musik auch in eine Stimmung versetzen, meist wählen wir jedoch die Musik, die zu unserer aktuellen Stimmung passt.

Nutzen wir Streamingdienste wie Spotify oder Deezer, teilen wir durch unsere gehörten Songs indirekt mit, wie wir uns gerade fühlen. Auch das wird ausgewertet und dafür verwendet, Informationen über die jeweilige Nutzerin oder den jeweiligen Nutzer zu erhalten. So erfreuen sich die User von Spotify auch an den automatisch generierten Playlists, die unbekannte Songs vorschlagen – die einem ziemlich sicher meistens gefallen.

Besonders eindrucksvolle Ergebnisse zeigen Studien, die den Zusammenhang zwischen dem Zyklus einer Frau und den gehörten Songs untersuchten. Denn es lässt sich tatsächlich an den abgespielten Songs ablesen, in welchem Teil ihres Zyklus eine Frau sich befindet. Da Hormone nachweislich unsere Stimmung beeinflussen und sich die Hormone einer Frau im Rahmen ihres Menstruationszyklus verändern, kann ein Streamingdienst quasi vorhersagen, wann eine Frau ihre Periode hat. Wenn man sich das mal so durch den Kopf gehen lässt, ist es schon ziemlich gruselig. Vielleicht dann doch ab und an den Plattenspieler von Oma anwerfen.

BIG DATA

Auch wenn man mit nur einer einzigen Information schon ziemlich viel über jemanden herausfinden kann, so richtig spannend wird es, wenn man viele Informationen hat. Sehr viele. Denn dann kann man sogar Dinge aus den Daten herauslesen, die da eigentlich gar nicht stehen.

 Der Begriff Big Data ist nicht eindeutig definiert. Man versteht darunter die Auswertung einer gigantischen Menge an Daten. Das können sogar so viele Daten sein, dass sie von einem Computer allein gar nicht bearbeitet werden können. Sie werden dann zuerst zusammenfasst (aggregiert) und mehrere Rechner analysieren dann jeweils einen kleinen Teil der Datenmenge. Die Teilergebnisse werden dann am Ende zusammengesetzt.

Die Informationen, die bei Big Data verarbeitet werden, sind vielfältig und der Datenanalyst unterscheidet dabei zwei Klassen. Die strukturierten Daten sind immer gleich aufgebaut und man kann sie in eine Tabelle mit Spalten und Zeilen packen. Nur, dass es gigantisch viele Zeilen sind. Sie können recht einfach ausgelesen werden und stammen meist von Geräten wie Fitness-Armbändern, Geldautomaten, GPS-Sensoren oder auch von Webseiten, die speichern, wann was angeklickt wird.  Unstrukturierte Daten hingegen sind deutlich schwieriger auszuwerten. Zu ihnen zählt, was der Inhalt eines Textes oder einer Webseite ist – also was gemeint ist und nicht, welche Wörter benutzt wurden. Aber auch, was genau auf einem Foto, einem Röntgenbild oder einer Satellitenaufnahme zu sehen ist.

Doch wozu wird Big Data eigentlich genutzt? Wenn man Daten von vielen Menschen und Geräten, noch dazu über einen längeren Zeitraum, zur Verfügung hat, dann kann man wiederkehrende Muster und auch Entwicklungen erkennen. Netflix zum Beispiel erkennt, dass viele Menschen, denen eine Serie gefallen hat, auch eine ganz bestimmte andere Serie mögen. Daher wird Netflix dir diese andere Serie vorschlagen, wenn du die eine anschaust. Das Ergebnis ist ein zufriedener Kunde, der länger bezahlt.

Auch der Zeitraum, über den man Daten speichert, spielt eine Rolle. Nehmen wir zum Beispiel den Klimawandel. Den kann die Wissenschaft deshalb gut belegen, weil man seit über hundert Jahren die Höhe des Meeresspiegels aufgeschrieben hat. Wir kennen also nicht nur den aktuellen Stand, wir wissen, dass er gestiegen ist. Und weil wir auch Daten über den CO_2-Ausstoß der Menschheit aufgezeichnet haben, konnte belegt werden, dass CO_2 eine der Hauptursachen für den Klimawandel ist.

In der Medizin wird Big Data ebenfalls eingesetzt. Rechner analysieren und erkennen problematische Stellen auf Röntgenbildern. Auch Nebenwirkungen von Medikamenten könnten vermieden werden, wenn man dank Big Data beispielsweise weiß, dass Menschen mit braunen Haaren, die im April geboren sind und Probleme mit Karies haben, einen anderen Wirkstoff einfach besser vertragen. Big Data ist aber nicht nur positiv. Wenn Firmen herausfinden, dass im April geborene Menschen mit braunen Haaren und Kariesproblemen anfälliger für Herzinfarkte sind, wird das den Preis für deren Krankenversicherung erhöhen. Oder man schließt sie gleich von der aufregenden Fahrt in einer Achterbahn aus.

Die beruhigende Wirkung von Rasenmähern

Eine der bekanntesten Geschichten über Big Data stammt bereits aus dem Jahr 2012. Sie passt perfekt, um sowohl die Vor- als auch die Nachteile von Big Data zu beschreiben. Denn was der eine toll findet, empfindet ein anderer als störend – oder gar als Überwachung.

Der Datenanalyst Andrew Pole untersuchte damals die Einkäufe von registrierten Kunden der Supermarktkette Target in den USA. Ähnlich wie PayBack in Deutschland speicherte Target alle gekauften Artikel, die beim Vorzeigen der Kundenkarte an der Kasse gescannt wurden.

Pole fand heraus, dass viele Frauen, die zuerst Nahrungszusätze wie Kalcium und einige Wochen später parfümfreie Hautcreme kauften, sich kurz darauf registrierten, um ein „Willkommensgeschenk" für ihr Baby zu erhalten. Anscheinend kaufen schwangere Frauen häufig erst Calcium und dann Hautcreme. Es lag also auf der Hand, diesen Frauen etwas später Rabattgutscheine für Babyzubehör zu schicken, um sie so ins Geschäft zu locken.

Allerdings war die Berechnung nicht fehlerfrei. Es gab natürlich auch Menschen, die aus ganz anderen Gründen Kalcium und Hautcreme kauften. So auch in Minneapolis. Dort stürmte der Vater eines Teenagers wutentbrannt in eine der Supermarktfilialen und wollte den Manager sprechen. Er fand es unverschämt, dass Target seiner Tochter Werbung für Babyzubehör zuschickte. Ob man die Schülerin ermutigen wolle, jetzt schon schwanger zu werden? Der Filialleiter versprach, der Ursache auf den Grund zu gehen. Es stellte sich heraus, dass der Computer anhand der Daten vergangener Einkäufe der jungen Frau dachte, dass sie schwanger sei. Der Filialleiter rief den Vater an, um sich zu entschuldigen und den Grund für die Werbegutscheine zu erklären. Aber daraufhin meinte der Vater, er müsse sich für seine aufbrausende Beschwerde entschuldigen. Der Computer von Target hatte nämlich recht. Die Schülerin war tatsächlich schwanger. Sie hatte ihrem eigenen Vater, dem baldigen Opa, nur noch nichts davon verraten.

Zwar gibt es immer mal wieder falsche Treffer, man nennt sie „false-positive", aber Big Data verrät doch mehr, als man sieht. Target konnte nach eigenen Angaben nicht nur zu 87 % korrekt eine Schwangerschaft bei Kundinnen vorhersagen. Typische Farben beim Kauf von Stoffen verrieten ihnen das Geschlecht und die Auswertung der Daten ermöglichte schon Monate vorher, auf ein, zwei Wochen genau den Geburtstermin zu bestimmen.

Nach dem Vorfall in Minneapolis änderte Target seine Taktik beim Versenden der Werbegutscheine. Denn es gab weitere Klagen, dass die perfekt passende Werbung das Gefühl vermittelte, von Target überwacht zu werden. Allerdings stellte die Supermarktgruppe ihr Werbeprogramm auf Basis von Big Data keinesfalls ein. Es ist viel zu lukrativ, den Menschen Werbematerial zukommen zu lassen, das auf deren Lebenssituation passt. Noch dazu, weil die Menschen durch die Nutzung der Kundenkarte ihre Daten kostenlos und freiwillig hergeben. Damit die Kunden aber nicht das Gefühl einer Überwachung hatten, streute Target neben Sonderangeboten für Babyzubehör einfach ein paar unpassende Artikel ein, um den Inhalt des Werbeprospektes zufällig wirken zu lassen. Direkt neben den günstigen Windeln befand sich daher ein Angebot für etwas, das schwangere Frauen offenbar besonders selten kaufen: einen Rasenmäher.

Wütend, traurig oder froh – dank Big Data fühlst du so

Big Data zieht nicht nur anhand unserer Käufe Rückschlüsse auf unsere Stimmung, unsere Gesundheit oder unsere Persönlichkeit. Die gewonnenen Daten werden auch explizit dafür verwendet, um bei uns neue Gefühle auszulösen. Wie das geht?

Eine erfolgreiche Datenanalyse schafft genau eins: Sie durchschaut dich – sie kennt dich in- und auswendig, deine Hobbys, deine Wünsche, aber auch deine wunden Punkte. Genauso wie im echten Leben eine Person, die du schon länger kennst. Man braucht nur ausreichend viele Informationen bzw. Daten. Dann ist es auch kein Problem, diese Person dazu zu bringen, etwas Bestimmtes zu machen. Ein enger Freund weiß genau, was er oder sie tun oder sagen muss, um dich wütend, traurig oder froh zu machen.

Wenn man einen Menschen quasi gezielt dazu bringt, eine bestimmte Handlung auszuführen, nennt die Psychologie dies Manipulation. Aber auch das bewusste Auslösen eines Gefühls, wie Freude oder Wut, ist Manipulation. Um einen Menschen steuern, also manipulieren zu können, bedarf es einer genauen Analyse der „Zielperson". Du beobachtest, wie sie sich im Alltag verhält, und speicherst Reaktionen und Verhalten ab. In deiner Familie und mit Freundinnen und Freunden machst du das ganz automatisch. Im Internet übernehmen das Apps, Tracking-IDs und Cookies.

In der psychologischen Forschung hat man herausgefunden, dass unser ganzes Lernen als Kleinkind darauf fußt, dass wir Reaktionen unserer Eltern beobachten, um Handlungen nachzuahmen, für die wir Lob erhalten. Später in der Pubertät provozieren wir mit diesem

Wissen dann Diskussionen oder Streit, um unsere Ziele zu erreichen, oder einfach nur, um unsere Unabhängigkeit zu beweisen. Die
Manipulation von Gefühlen im eigenen Umfeld ist also etwas sehr
menscheneigenes und gehört zur Entwicklung eines Individuums.

Problematisch wird es, wenn jemand sich dieses Mechanismus
häufig bedient oder durch ausgelöste Gefühle politische oder finanzielle Ziele verfolgt. So wie die Firma Cambridge Analytica. Sie
wertete etwa 50 Millionen Datensätze amerikanischer Wählerinnen
und Wähler aus. Sie wollten ganz konkret herausfinden, worüber
sich einzelne Menschen aufregen, wie eine fehlende Umgehungs-
straße oder zu hohe Steuern.

Im US-Präsidentschaftswahlkampf 2016 – Hillary Clinton vs. Donald Trump – wurden diese Informationen dann von Trumps Wahl-
kampfteam ausgenutzt. In Wahlkreisen, in denen mit knappen Er-
gebnissen zu rechnen war, wurden unentschlossenen Wählerinnen
und Wählern auf sie abgestimmte Informationen im Netz angezeigt. Zum Beispiel, dass Clinton die herbeigesehnte Umgehungs-
straße verhindere oder die Steuern noch höher schrauben würde.
Genau das eben, was diese Wählerin oder diesen Wähler störte oder
wütend machte. Bei eingeblendeter Werbung für Trump hingegen
war es genau umgekehrt. Er befürwortete Umgehungsstraßen und
von höheren Steuern hielt er auch rein gar nichts.

Das Ergebnis war eine negative Einstellung zu Clinton und eine
positive zu Trump. Diese Menschen wurden, nur anhand ihrer Daten
aus sozialen Netzen, manipuliert, um ein politisches Ziel zu erreichen. Einige Wählende ließen sich von den erzeugten Gefühlen lei-
ten. Trump gewann viele dieser letztlich entscheidenden Wahlkrei-
se teils mit hauchdünnem Vorsprung. Und wurde Präsident.

HANDYDATEN

Dass wir heute mit unserem Mobiltelefon praktisch immer und überall erreichbar sind, ist mittlerweile normal. Nur wie weiß mein Handy eigentlich, wann es klingeln soll?

Damit die Mobilfunkanbieter wissen, wo wir gerade sind, ist eine ganze Reihe von Technik notwendig. Überall im Land stehen große Masten, sogenannte Basisstationen. Die Antennen auf ihnen strahlen mit einer festgelegten Sendeleistung auf einer bestimmten Frequenz, die den unterschiedlichen Mobilfunkbetreibern von der Bundesnetzagentur zugeordnet wurde. Das ist wichtig, damit sich die Konkurrenten von Telekom, Vodafone und Telefonica nicht gegenseitig stören und trotzdem in der gleichen Gegend erreichbar sind. Unser Handy verbindet sich grundsätzlich über die Antenne, die am besten empfangen wird. Wird das Signal zu schwach, wechselt das Handy einfach in eine besser erreichbare Funkzelle. So wird der Bereich genannt, den ein Sendemast abdeckt. Dass wir so einen Wechsel normalerweise nicht einmal bemerken, zum Beispiel beim Telefonieren im Zug oder im Auto, ist aus technischer Sicht eine kleine Meisterleistung.

Viele Basisstationen decken eine kreisförmige Fläche ab. Damit wir uns frei bewegen und dabei telefonieren können, überlappen sich diese Flächen. Die Reichweite einer Funkzelle hängt von vielen Faktoren ab. Zum Beispiel spielt die Bebauung der Umgebung eine Rolle. Viel Beton oder Hügel dämpfen das Signal. Aber auch die Sendeleistung und der Mobilfunkstandard sind entscheidend. Vereinfacht gesagt, stellt man in dicht besiedelten Gebieten alle paar

Hundert Meter eine Basisstation auf und ermöglicht damit auch eine hohe Datenrate im mobilen Internet. In ländlichen Gebieten oder an der Küste beträgt die Reichweite einer Funkzelle hingegen mehrere Kilometer, dafür ist die Datenrate geringer und mobiles Surfen im Netz macht dort nicht immer Spaß.

Besonders wichtig im Mobilfunk ist das HLR, das Home Location Register. In dieser großen Datenbank steht, welches Handy jetzt gerade an welcher Basisstation eingeloggt ist. Das ist entscheidend, damit unser Telefon informiert werden kann, dass es klingeln soll, wenn jemand anruft. Die Basisstation teilt deinem Handy auch mit, welche Nummer da gerade anruft. Nur deshalb kannst du das auf dem Display sehen, obwohl die Verbindung noch gar nicht hergestellt ist. Natürlich wissen die Mobilfunkanbieter auch, wo genau der Funkmast steht, in dem dein Handy eingeloggt ist. Deswegen kann man uns orten, wenn wir mit unserem Smartphone unterwegs sind. In Deutschland dürfen die Provider diese Information allerdings nur an die Polizei weitergeben, wenn ein Richter das vorher abgesegnet hat oder akute Gefahr für Leib und Leben besteht.

Das neue 5G-Mobilfunknetz ermöglicht irrsinnig schnelles mobiles Internet. Unterstützt wird das auch durch kluge Antennen. Anstatt die gesamte Funkzelle gleichmäßig auszuleuchten wie eine Glühbirne einen Raum, setzen „Massive MIMO Systeme" auf bis zu 1.024 winzige Antennen. Beim Beamforming fokussieren sie das Signal dann wie ein Laserpointer immer genau dorthin, wo es gebraucht wird, und nutzen es so effektiver.

TECHNIK

Sie wissen, wo du bist

Es kann sein, dass wir für ein Telefonat bezahlen müssen, obwohl wir angerufen werden. Dies ist dann der Fall, wenn wir uns nicht in der EU, sondern zum Beispiel in den USA aufhalten. Da der Anrufer ja nicht unbedingt wissen kann, wo wir gerade sind, wäre es unfair, ihm einfach so den Preis eines Auslandsgesprächs zu berechnen. Er zahlt daher nur den Anteil für das „Ortsgespräch", den teuren Auslandsanteil zahlen dann wir. Wir sollten ja schließlich wissen, wo wir gerade sind.

Zu Beginn der Corona-Pandemie war es wichtig zu wissen, ob sich die Menschen zurückhalten und mehr zu Hause bleiben. Anonyme Bewegungsdaten eines Mobilfunkbetreibers konnten das bestätigen. Dazu wurde ausgewertet, wie viele Handys sich von Basisstation zu Basisstation bewegten, wenn die Handybesitzer z. B. morgens vom Umland in die nächste Stadt zur Arbeit fuhren. So konnte man ziemlich exakt sehen, wie viele Handys (= Menschen) sich heute im Vergleich zu letzter Woche von A nach B bewegten. In Israel wurden die Handydaten weniger anonym ausgewertet. Wessen Mobiltelefon mit dem einer später positiv getesteten Person in ähnlicher Entfernung an einer Antenne eingeloggt war, bekam kurz darauf eine SMS. Darin wurde man aufgefordert, sich sofort in Quarantäne zu begeben. Solche Auswertungen werden sonst nur im Anti-Terror-Kampf gemacht. Angefangen hat mobiles Telefonieren übrigens ziemlich witzig. Im ersten Mobilfunknetz ab 1958 gab es nur 11.000 Teilnehmer – und die hatten alle keine Telefonnummer. Man hob ab, sagte den Namen der Person, die man sprechen wollte und wurde dann händisch verbunden.

Verpfeif dich nicht selbst

Die Nutzung von Handydaten zur Eindämmung der Corona-Pandemie wurde unter Juristen heftig diskutiert. Alle waren sich einig, dass der Staat seine Bürger nicht großflächig überwachen soll. Daher war klar, dass die Deutsche Telekom nur anonymisierte Bewegungsdaten herausgeben durfte. So richtig anonym sind Daten allerdings nur, wenn daraus nicht auf eine bestimmte Person geschlossen werden kann. Bis zuletzt blieb unklar, ob die Telekom aus juristischer Sicht alles richtig gemacht hat, als sie der Bitte nachkam.

Deine nicht anonymisierten Daten dürfen von den Mobilfunkbetreibern übrigens nur herausgegeben werden, wenn ihr im Verdacht steht, eine Straftat begangen zu haben. Polizei und Staatsanwaltschaft erhalten dann die Information, zu welcher Zeit euer Handy in welches Netz eingeloggt war. Auf diese Weise können mittlerweile viele Verbrechen aufgeklärt werden. Manchmal kommt es vor, dass die Polizei einen Verbrecher auf frischer Tat ertappt. Dann wollen die Polizisten von dem mutmaßlichen Täter das Passwort seines Handys wissen, um dort weitere Nachforschungen anstellen zu können. Der Beschuldigte selbst muss das Passwort allerdings nicht herausgeben. Der Grund dafür ist einfach: Niemand muss sich in Deutschland selbst belasten.

Echt jetzt?

Manche Eltern orten die Handys ihrer Kinder mit entsprechenden Apps. Ab einem Alter von 12 Jahren müssen die Eltern ihr eigenes Kind dazu aber vorher um Erlaubnis bitten.

SOCIAL SCORE

Stell dir vor, du hast einen frechen Kommentar gepostet und bekommst deswegen nicht deinen Traumjob. Oder weil du einen Politiker kritisiert hast, musst du aus deiner schönen Wohnung ausziehen und bekommst ein Zimmer mit Plumpsklo. Was wie ein Film klingt, ist mancherorts bereits Realität.

Es gibt leider Regierungen, die die Freiheit ihrer Bürger einschränken. Manche mehr, manche weniger. Meist geht es dabei darum, an der Macht zu bleiben. So kommt es, dass sich immer häufiger Menschen über das Internet verabreden, um gegen ihre Regierung zu protestieren. Sie nutzen dabei soziale Netzwerke oder Messenger zur Kommunikation und machen so Treffpunkte für Demonstrationen aus oder teilen sich mit, wo es Straßensperren und Kontrollen gibt. In manchen Ländern möchten Politiker deswegen gleich das ganze Internet einschränken.

Aber nicht nur das. Es gibt Regierungen, die das Netz zwar nicht abschalten, ihre Bürger jedoch permanent überwachen. China geht sogar einen Schritt weiter und führt gerade ein System ein, bei dem 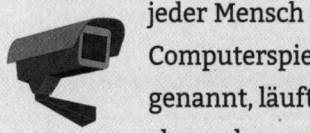 jeder Mensch eine Art Punktekonto hat. Fast wie in einem Computerspiel. Das Sozialkreditsystem, auch Social Score genannt, läuft nahezu vollautomatisch. Tausende Überwachungskameras im ganzen Land sind dazu installiert worden. Und es werden täglich mehr. Sie registrieren jede Bewegung und jede Handlung. Zudem wird das Internet überwacht und ebenso alle Nachrichten, die die chinesische Bevölkerung über Messenger verschickt. Niemand ist anonym. Nirgends und zu keiner Zeit.

Seinen Punktestand kann man durch positives Verhalten erhöhen. Pluspunkte bekommt man zum Beispiel dafür, dass man seine Rechnungen immer pünktlich bezahlt oder den Staatspräsidenten im Internet lobt. Auch wer **ehrenamtlich** eine Sportmannschaft trainiert, der wird belohnt. Mit einem hohen Punktestand bekommt man dann z. B. eine bessere Wohnung zugewiesen, den Arbeitsplatz, der einem gefällt, oder erhält Vorteile beim Kauf von Tickets für Konzerte oder zu Sportveranstaltungen.

Allerdings kann der Punktestand auch sinken, wenn man sich nicht gut verhält. Wer bei Rot über die Ampel läuft oder seine Telefonrechnung zu spät bezahlt, erhält Minuspunkte. Vernachlässigt man die Pflege seiner Großeltern, erfolgt ebenfalls ein Punkteabzug. Erfasst werden diese „Missetaten" von den Kameras. Anhand von Gesichtserkennungsprogrammen weiß das System genau, wer sich da gerade nicht an die Regeln hält.

Ein großes Problem von Social Score ist, dass der Staat entscheidet, was gut und was schlecht ist, also welche Handlung Plus- oder Minuspunkte bringt. Die permanente Überwachung belastet die Menschen psychisch. Wenn man nicht einmal ungestraft auf die Straße spucken kann, dann fühlt man sich eingeengt und überwacht. Selbst ein so wichtiges Mittel der **Demokratie**, das Recht auf Kritik am Staat, wird in China nicht toleriert. Hat jemand einen niedrigen Punktestand, dann gibt es mehrere mögliche Nachteile. Es könnte sein, dass er keinen Kredit für einen neuen Fernseher bekommt. Oder er darf keine Tickets für die Bahn oder das Flugzeug kaufen. Wer nicht macht, was der Staat will, der kann eben nicht mehr in den Urlaub fliegen. Aber nicht nur das. Obendrein droht dem Übeltäter die wohl fieseste Strafe überhaupt: die Reduzierung seiner Internetgeschwindigkeit.

Digitaler Pranger

So ein System wie Social Score beeinflusst das Leben vieler Menschen. Es ist daher wichtig, dass es zumindest korrekt funktioniert. Bei einem Testlauf in Ningpo, einer Küstenstadt in China, gab es Probleme. Frau Dong Mingzhu ist eine geschätzte Unternehmerin. Trotzdem bekam sie dauernd Minuspunkte. Der Grund: Sie lief mehrmals täglich bei Rot über die Ampel. Auch das genügt in Chinas Social-Score-System, um negativ aufzufallen. Wenn sie damit nicht aufhören würde, könnte Frau Mingzhu bald Nachteile erfahren.

Bei einem genaueren Blick zeigte sich jedoch, dass irgendetwas nicht stimmen konnte. Die Gesichtserkennungsprogramme erkannten zweifelsfrei Frau Mingzhu auf den Überwachungsaufnahmen einer Kamera. Es war klar, dass sie mehrmals täglich über den gleichen Fußgängerübergang lief. Und zwar immer zu den gleichen Uhrzeiten und immer nur, wenn die Fußgängerampel auf Rot stand. Es gab nur ein Problem. Frau Mingzhu war gar nicht in der Stadt Ningpo. Sie saß Hunderte Kilometer entfernt in ihrem Büro.

Wie sich herausstellte, machte Frau Mingzhu Werbung. Ihr Gesicht war deshalb auf einen Linienbus gedruckt. Und immer wenn der Bus (bei Grün für Autos) losfuhr, erkannten die Kameras der Fußgängerampel Dong Mingzhus Gesicht auf der Seite des Busses. Und da für Fußgänger gerade Rot war, dachte das System, die Frau würde gerade bei Rot über die Ampel laufen, und gab Minuspunkte. Die erfolgreiche Geschäftsfrau konnte das Problem schnell aufklären. Für einen „normalen Menschen" ohne Kontakte zur Politik wäre das aber nicht so einfach möglich gewesen. Sie müssten vermutlich mit dem Fehler im System leben und Nachteile in Kauf nehmen.

Ranking in Europa?

Nun leben wir zum Glück nicht in China, sondern in Europa. Hierzulande ist eine staatliche Überwachung dieses Ausmaßes undenkbar. Trotzdem werden auch wir bewertet. Die SCHUFA in Wiesbaden ist ein Unternehmen, welches täglich Daten über uns sammelt. Mittlerweile hat die SCHUFA Informationen zu 66 Millionen Menschen vorliegen. Immer wenn man sich bei einer Bank Geld leihen möchte, ein Auto kauft oder ein Haus mieten möchte, fragt der Verkäufer oder Vermieter bei der SCHUFA an, ob sich der Vertragspartner das auch leisten kann. Zu diesem Zweck hat die SCHUFA den sogenannten SCHUFA-Score eingeführt. Aus allen Informationen, die das Unternehmen über euch finden kann, wird mithilfe einer geheimen Formel eine Gesamtpunktzahl gebildet. Optimal ist es, wenn ihr eine Punktzahl von 100 erreicht. Ihr werdet dann jeden Kredit und jeden Vertrag zu guten Konditionen bekommen. Euer Vertragspartner kann sich bei einem hohen SCHUFA-Score nahezu sicher sein, dass ihr genügend Geld habt, den Vertrag auch zu erfüllen. Habt ihr zu wenig Punkte, etwa weil ihr in der Vergangenheit häufiger eure Miete nicht gezahlt habt, dann werden Geschäftsleute eher keinen Vertrag mit euch eingehen. Einige Menschen fanden gemein, dass niemand weiß, wie die SCHUFA die Punktzahl berechnet. Sie klagten. Der Bundesgerichtshof aber entschied 2020: Die Berechnung darf geheim bleiben, das ist das Geschäftsgeheimnis der SCHUFA.

Echt jetzt?

Pro Tag erteilt die SCHUFA 450.000 Auskünfte über die Kreditwürdigkeit der angefragten Personen.

Petzen für den Status

„Vertrauen ist gut – Kontrolle ist besser." Wie stehst du zu diesem Sprichwort? Angeblich stammt es von Wladimir Iljitsch Lenin, der vor ungefähr hundert Jahren Regierungschef der ehemaligen **Sowjetunion** war. Der russische Politiker war Anhänger des Kommunismus, eine Art Wunschvorstellung davon, wie Menschen zusammen in einem Land leben könnten. Im Kommunismus gehört alles allen. Also zum Beispiel Bodenschätze wie Erdöl und Kohle, aber auch Fabriken. Sie glaubten, dass es so keine Trennung zwischen Arm und Reich mehr geben würde, dass niemand hungern oder auf der Straße leben muss. Aber wie passt es dann zusammen, dass Lenin trotzdem kontrollieren will? Und damit kommen wir zu der Wunschvorstellung zurück. Denn die Kommunisten untereinander waren sich nie einig, auf welchem Weg sie die Menschen zu diesem Ziel führen können. Viele waren gegen Gewalt. Jedoch waren und sind es häufig die Personen an der Spitze einer kommunistischen Bewegung, die davon ausgehen, dass die Menschen zu ihrem Glück gezwungen werden müssen – mit Gewalt und Überwachung. Wie auch am Beispiel des Social Scores in China zuvor beschrieben. Mit Freiheit und Gleichheit hat dieses „Nachhelfen" nichts zu tun. So ein Eingriff in die Privatsphäre wäre momentan in den meisten europäischen Ländern glücklicherweise nicht denkbar und dafür sollten wir uns auch in Zukunft einsetzen. Dass Überwachung auch psychisch krank machen kann, belegen zahlreiche Studien – auch aus Deutschland, und zwar aus einer Zeit, in der es noch durch eine Mauer in der Mitte geteilt war. Überwachung führt dazu, dass sich die Menschen zurückziehen, da sie sich gegenseitig nicht mehr trauen. Seinen Nachbarn etwas Privates zu erzählen, könnte einen um seinen Studienplatz oder die neue Mietwohnung bringen. Und was passiert mit den Menschen, wenn sie dafür belohnt werden, z. B. einen Schwarzfahrer in der U-Bahn oder eine Person, die einen Politiker im Internet kritisiert, zu verpetzen? Er wird unsozial. Denn wir sind im Kampfmodus: Es geht um unser eigenes Überleben oder besseres Leben. Betroffene Personen gaben an, dass dieser Zustand häufig zu Schlafstörungen, aber auch körperlichen Problemen, wie Kopf- und Bauchschmerzen und Erschöpfung, führte. Die ständige Anspannung führte bei einem Teil der Personen zu erhöhter Aggressivität, Neigung zu Alkohol und Drogen oder depressiver Stimmung. Werden Menschen nach vermeintlichen staatsfeindlichen Taten dann noch verhört, verfolgt und aktiv ausgegrenzt, kann dies noch viel schlimmere Folgen für die Betroffenen haben. Häufig müssen sich solche Menschen, wenn sie aus den bedrohlichen Umständen fliehen konnten, in jahrelange Therapie begeben, um die Erfahrungen zu verarbeiten. Natürlich sind dies extreme Fälle der sozialen Überwachung. Jedoch sollten wir uns alle weiterhin dafür einsetzen, dass wir unsere Freiheit behalten dürfen – schließlich ist eine gesunde Person auch besser für den Staat. Und außerdem: Um Kriminalität zu bekämpfen, lohnt sich Überwachung letztlich nicht. Studien weisen darauf hin, dass sich die Straftaten einfach verschieben. Auf Plätze und Orte, die nicht in diesem Maße überwacht werden (können).

Echt jetzt?

Weltweit gibt es schätzungsweise 1 Milliarde Überwachungskameras, etwa die Hälfte davon in China.

KÜNSTLICHE INTELLIGENZ

Künstliche Intelligenz, kurz KI genannt, ist aktuell so ziemlich das spannendste Forschungsgebiet in der Informatik. Forscher programmieren superkluge **Bots**, die (fast) alles wissen. Andere entwickeln Speichererweiterungen für unser Gehirn.

Der Begriff KI ist nicht eindeutig. Man versteht darunter maschinelles Lernen, z. B. von Bots. Aber auch die Automatisierung intelligenten Verhaltens, z. B. durch selbstständig agierende Roboter, wird so bezeichnet. Einfach gesagt, KI versucht, menschliche Intelligenz nachzuahmen. Für maschinelles Lernen sind viele Daten nötig, daher spielt auch Big Data (s. Seite 92 ff.) und die immer weiter steigende Rechenleistung von Computern eine Rolle. Datenbanken oder Programme, die „lernen" sollen, speichern die Daten nicht nur ab. Sie zerlegen sie in kleinere Einheiten und versuchen dann, Muster zu erkennen. Dadurch können neue, unbekannte Informationen ebenfalls eingeordnet werden. Die KI „weiß" also anhand früherer Werte und Zusammenhänge, was die neue Information bedeutet. Einige Erfolge, die die junge Wissenschaft in den letzten Jahren erreicht hat, nutzen wir heute schon. Sprachassistenten wie Alexa, Siri & Co. verstehen dank KI-Training selbst stark genuschelte Befehle. Die Google-Foto-App kann auf Knopfdruck den Inhalt eines Fotos „erkennen". In vielen Fällen nennt die App von einem fotografierten Haus sogar die Adresse oder erkennt exakt, welche Pflanzenart auf einem Foto zu sehen ist.

Die Anforderungen an künstliche Intelligenz sind hoch, besonders dann, wenn diese selbstständig Entscheidungen zum Steuern von

Geräten und Maschinen treffen. Moderne Autos  können weitgehend allein fahren und sogar andere Autos überholen. Sie wissen aus Milliarden früherer Daten, dass das sicher ist, wenn auf der Spur links hinter ihm ein langsameres oder gar kein Auto fährt. Trifft so ein Fahrcomputer aber einmal eine falsche Entscheidung und baut einen Unfall, wird das von vielen gleich als hochproblematisch und extrem gefährlich angesehen. Dass Menschen tagtäglich Tausende Unfälle auf der Welt bauen und dabei auch andere töten, wird aber weitgehend akzeptiert.

Künstliche Intelligenz verwächst zunehmend mit dem Menschen. Sogenannte **Wearables** bilden erste Schnittstellen zwischen KI und uns. Smarte Uhren messen fortlaufend den Puls und schlagen Alarm, wenn sie Muster erkennen, die einen Herzinfarkt ankündigen. Smarte Brillen werten aus, was der Nutzer sieht, und reagieren entsprechend. Siehst du dir zum Beispiel eine alte Kirche an, blendet dir die Brille Informationen ins Sichtfeld ein, wann diese gebaut wurde und von wem. Forscher aus Stanford und Berkeley haben sogar eine Gehirn-Internet-Schnittstelle entwickelt. Durch eine bohnengroße Elektrode im Gehirn kann eine an der Nervenkrankheit ALS leidende Frau, die weder sprechen noch sich bewegen kann, bis zu acht Wörter pro Minute in eine Art Messenger diktieren. Rein durch das Denken an die Wörter, wohlgemerkt. Facebook arbeitet nach eigenen Angaben mittlerweile daran, dies auch ohne operativen Eingriff zu ermöglichen und zudem schneller zu werden. Das Ziel ist, per Gedanken bis zu 100 Wörter pro Minute zu diktieren. Das ist etwa doppelt so viel, wie eine professionelle Schreibkraft mit dem Zehn-Finger-System leisten kann.

Die Software auf der Schulbank

Es ist gar nicht so schwer zu verstehen, wie eine KI lernt. Machine Learning besteht aus drei Schritten. Zuerst müssen möglichst viele und hochwertige Daten zur Verfügung gestellt werden. Dann wird ein **Algorithmus** diese Daten scannen. Einer Bilderkennung wird z. B. auffallen, dass Menschen, die sitzen, auf Bildern kleiner sind. Das Programm versucht dann, Menschen als „sitzend" zu markieren, selbst wenn man auf einem Foto nur den Oberkörper sieht. Eine sprachgesteuerte Musikbox, die „lauscht", wird merken, dass wir bei manchen Songs mitsingen. Sie erstellt mit dieser Information eine Liste mit unseren Lieblingsliedern.

Im dritten Schritt benötigt die KI aber Feedback darüber, ob ihre Annahmen korrekt sind. Das übernimmt am Anfang oft noch ein Mensch, der die KI mitentwickelt. So lernt das Programm, dass nicht alle kleineren Personen sitzen, sondern dass es große und kleine Menschen gibt. Das andere System wird lernen, dass man Songs mögen kann, auch wenn man nicht mitsingt. Vielleicht merkt das Programm in der nächsten Runde, dass das alles spanische Lieder sind, und lernt dadurch, dass der Musikfreund einfach nur kein Spanisch spricht. So wird die KI immer besser in den Vorhersagen. Sie lernt von den gemachten Fehlern und dem Feedback.

Aus technischer Sicht sind gerade die Internet-Gehirn-Schnittstellen extrem spannend. Sie bieten nahezu unendliche Möglichkeiten für ein besseres und komfortableres Leben. Aber Kritiker warnen auch. Gerade das Lesen von Gedanken durch Elektroden im oder am Gehirn ermöglicht gravierende Einschnitte in die Freiheit des Menschen. Man muss auch mal jemanden im Geiste verfluchen können, man muss lügen können und man muss auch (ungesagt) anderer Meinung sein dürfen – ohne dafür bestraft werden zu können. Die Gedanken sind frei und sie müssen es auch bleiben. Nur dann entstehen Kreativität und Fortschritt. Damit eine Überwachung von Gedanken nirgends auf der Welt durchgeführt werden kann, bedarf es vermutlich einer Übereinkunft vieler Staaten, z. B. durch die Vereinten Nationen. Ein gänzlicher Verzicht auf so eine Schnittstelle wäre angesichts der positiven Möglichkeiten z. B. für gelähmte Menschen aber unsinnig.

Und zugegeben, wie krass wäre es, wenn wir bald schon unserer besten Freundin eine WhatsApp schicken können, die wir in Gedanken diktiert haben? Noch krasser wird es aber, wenn das auch andersrum funktioniert. Forscher rechnen damit, dass wir in 15 bis 20 Jahren nicht nur Gedanken auslesen, sondern auch Informationen gezielt ins Gehirn „einspeisen" können. Die Antwort auf eine WhatsApp müssten wir also gar nicht auf dem Handy lesen, wir wissen sie dann einfach. Wenn das funktioniert, wird es auch möglich sein, sich vor einer Schulaufgabe einfach das gesamte Wissen über Exponentialfunktionen herunterzuladen und den Stoff ohne Lernen zu „wissen". Beim Ausfragen an der Tafel könnten uns sogar die fiesesten Fragen des Mathelehrers nicht mehr nervös machen. Vorausgesetzt, es wird uns vor dem geistigen Auge nicht erst noch ein Werbespot eingespielt. Das wäre dann blöd.

Echt jetzt?

Moderne Hörgeräte verstecken sich nicht nur unauffällig im Gehörgang. Sie können sich per Bluetooth mit dem Handy koppeln und so Gespräche in fremder Sprache mittels KI in Echtzeit übersetzen und ins Ohr einspielen.

Stromentzug für böse KI?

Bestimmt erinnerst du dich noch an deine Zeit im Kindergarten, auch wenn das schon einige Jahre her sein dürfte. Du konntest dort toben, rennen, laufen und im Prinzip machen, was du wolltest. Juristen diskutieren gerade, ob man Algorithmen zunächst auch auf eine Art digitalen Kinderspielplatz lässt, bevor sie selbstständig auf die Menschheit losgehen. Dort könnte man erst ihr Verhalten beobachten. Bestehen sie den Test, dann könnte man sie freigeben. So soll vermieden werden, dass clevere Algorithmen einen Schaden anrichten. Und tatsächlich sind in der Vergangenheit solche Schäden auch schon eingetreten. Der Chatbot Tay beleidigte und beschimpfte Menschen auf Twitter (s. Seite 83). Auch Facebook stoppte im Jahr 2017 ein KI-Projekt, nachdem die mit künstlicher Intelligenz ausgestatteten Computer Alice und Bob begonnen hatten, ihre eigene Sprache zu entwickeln und die Entwickler nicht mehr verstanden, was dort gerade passierte.

Die beiden Beispiele zeigen sehr schön, dass künstliche Intelligenz schnell aus dem Ruder laufen kann. Aktuell sind die Betreiber der Software für Schäden verantwortlich, die angerichtet worden sind. Was aber, wenn Computer so intelligent werden wie wir Menschen? Diesen Zeitpunkt, vor dem Vordenker wie Tesla-Chef Elon Musk warnen, nennt man Singularität. In der krassesten Form wird unter Juristen sogar darüber philosophiert, ob man einem Computer, der selbstständig Mist gebaut hat, den Strom abdrehen kann. Doch solche Fragen werden sich im Detail erst in ferner Zukunft stellen.

Mensch vs. Maschine

Fliegen wie ein Superheld, Pflegeroboter, selbstfahrende Autos: Was sich vor ein paar Jahren nur in unseren kühnsten Träumen abspielte, ist nun Teil unserer Realität. Dass Menschen mithilfe von Maschinen Großes schaffen können, zweifelt niemand an. Wir alle profitieren täglich davon. Mit dem Wachstum der Möglichkeiten steigt aber auch die Angst, dass uns die Maschinen förmlich „über den Kopf wachsen", dass sie intelligenter, mächtiger, uns überlegen werden. Die Befürchtung, starke Maschinen könnten ein Eigenleben entwickeln, löst – berechtigterweise – kein gutes Gefühl aus. Schade, denn eigentlich ergänzen sich Mensch und Maschine perfekt.

Laut Forschung sind Menschen insbesondere in den Bereichen Improvisation und Kreativität, also dem Erfinden neuartiger Dinge, dem Ziehen von Rückschlüssen, dem Beurteilen und beim Abruf von Informationen aus dem „Langzeitgedächtnis" überlegen. Maschinen sind dafür stärker, schneller und besser darin, Dinge zu wiederholen und zu prüfen. Warum sind Mensch und Maschine dann kein „Perfect Match"? Nur wenige Menschen verstehen die Funktionsweise der Maschinen wirklich. Oft benutzen und überwachen wir sie nur. Und was man nicht versteht, fürchtet man. Deshalb misstrauen wir oft neuen Technologien und nutzen ihre Möglichkeiten nicht. So leben natürliche und künstliche Intelligenz eher nebeneinander – anstatt sich zu ergänzen und das Beste aus beiden Welten zu vereinen.

DATEN NACH DEM TOD

Wenn deine Eltern *alles* auf deinem Handy lesen und sehen könnten, würdest du dich sicher zu Tode schämen. Deswegen *dürfen* Eltern auch nicht alles. Du hast ein Recht auf Privatsphäre. Zumindest, solange du lebst.

Niemand möchte sich mit seinem Tod befassen, wenn er noch bei bester Gesundheit ist und mitten im Leben steht. Trotzdem ist es manchmal ratsam, darüber nachzudenken, was wäre, wenn. Denn im Leben kommt der Tod nun einmal vor. Es gibt Unfälle, Krankheiten und auch Verbrechen.

Da wir heute praktisch pausenlos mit Smartphones und Messenger unterwegs sind, tragen wir unsere gesamte Kommunikation und unsere Fotos mit uns herum. Das ist praktisch unser gesamtes Leben. Und zwar nicht nur von heute. Dank Back-ups und großem Speicherplatz finden sich darauf sogar Meinungen von vor zwei oder drei Jahren. Also zu einer Zeit, in der man Sachen cool fand, die man heute blöd oder peinlich findet.

Natürlich sind auf einem Handy auch Aussagen, die nicht für jeden gedacht sind. Das Leben ist eben kein Ponyhof. Nicht immer geht es nur darum, wann man sich am Badesee trifft. Man chattet auch mal mit Freundin A und schimpft über Freundin B. Man regt sich bei seinem besten Kumpel über seine Eltern auf. Oder man kotzt sich mal so richtig über eine Lehrerin aus. Es wäre doch fatal, wenn dann Freundin B alles lesen könnte oder die Eltern oder ebenjene Lehrerin. Doch genau das kann passieren, wenn dein Chatpartner – oder du – sterben würdest. Wenn eine Person stirbt, bekommen die Erben das Handy und können natürlich dort hineinschauen und auch alles lesen. Du hast auf deinem Handy aber Antworten und Meinungen in Chatverläufen oder E-Mails, die nicht nur von dir, sondern von einer anderen Person stammen.  WhatsApp ist ja keine Postkarte, auf die nur eine Person etwas geschrieben hat. WhatsApp speichert die gesamte Kommunikation von zwei Personen. Stirbt eine Freundin von dir, könnten und dürften ihre Eltern lesen, was du so alles (über sie) geschrieben hast. Das Gleiche gilt für Fotos. Selbst ganz private Fotos, die du – total verliebt – nur für deine erste Liebe gemacht hast, würden die Erben zu sehen bekommen.

Und wie gesagt, auch wenn man sich darüber zu Lebzeiten keine großen Gedanken machen möchte, es lohnt sich doch einmal, darüber nachzudenken. Insbesondere dann, wenn man schon mal Sachen sagt, schreibt oder Fotos macht, die definitiv keine anderen Menschen sehen sollten. Denn machen wir uns nichts vor, stirbt man selbst, kann es einem egal sein. Stirbt aber ein Freund, muss man damit leben, dass die Erben plötzlich alles wissen, was man über sie gesagt hat. Und das kann richtig peinlich sein. So richtig ablästern sollte man daher besser nicht schriftlich im Messenger, sondern von Angesicht zu Angesicht. Dann gehen Geheimnisse mit ins Grab. Schließlich gibt es vom echten Leben keine Datensicherung, die irgendjemand erben kann.

Digitale Erinnerungen

Vor einigen Monaten erhielt ich eine E-Mail. Eine Mutter schrieb mir und fragte mich, ob ich das Handy ihrer verstorbenen Tochter knacken könnte. Sie hoffte, darauf Fotos von ihrem Kind zu finden, die sie noch nicht hatte. Denn natürlich hatte das Mädchen auch Selfies gemacht oder sich unterwegs mit Freunden und Freundinnen fotografiert. Die traurige Geschichte berührte mich und ich sagte der Mutter spontan zu, dass ich mein Bestes versuchen würde, um an die Bilder zu kommen.

Die Methode, die ich anwandte, um an die Daten des Handys zu kommen, funktioniert mit heutigen Smartphones nicht mehr. Damals musste man nach fünf Fehleingaben bei der PIN immer nur wenige Sekunden warten, bis man weitere fünfmal eine Zahlenkombination ausprobieren konnte. Das Ganze lief automatisiert. Ich programmierte ein kleines Gerät, das für mich alle PINs der Reihe nach „eintippte". Das war zwar sehr langsam, aber es war tatsächlich nur eine Frage der Zeit, bis das Handy aufgehen würde. Und tatsächlich: Nach etwa einem halben Jahr war ich drin.

Wie sich herausstellte, fand ich auf dem Gerät nicht nur ein paar Fotos des Mädchens. Ich fand Hunderte. Ein lachendes, fröhliches Gesicht auf dem Jahrmarkt, in der Disco, beim Grillen und in der Eisdiele. Zudem gab es Videos, auf denen das tote Mädchen springlebendig durchs Bild hüpfte. Ich fand Dutzende Sprachnachrichten, die das Mädchen an Freunde geschickt hatte. Sie alle waren auf dem Handy gespeichert. Ich musste sie nur auf einen USB-Stick kopieren und der Mutter schicken. Auftrag erledigt!

Auftrag erledigt? Als ich die Unmengen von Fotos, Videos und

Sprachnachrichten vor mir sah, fragte ich mich, wie wohl der Moment sein würde, in dem die Mutter diese ganzen Daten sehen würde. Sie rechnete ja nur mit drei oder vier Fotos. Würde es sie überfordern, so viel auf einmal zu sehen? Der Schmerz über den Verlust des eigenen Kindes ist sicher sehr groß. Und ich fragte mich nun, wie es ist, plötzlich mit Hunderten Fotos vom verlorenen Kind überhäuft zu werden, die Stimme noch einmal zu hören und auf Videos Bewegungen zu sehen, die einen an früher erinnern.

Eigentlich waren es mehrere Fragen, die ich mir jetzt erst – vielleicht zu spät – stellte. Durfte ich die PIN überhaupt knacken? Würde die Tochter wollen, dass die Mutter alle Fotos sieht? Verkraftet die Mutter so viele Erinnerungen? Wir einigten uns letztlich darauf, dass ich alle Fotos, Videos und Sprachnachrichten auf einen USB-Stick kopierte und ihr schickte. Die Mutter versprach mir jedoch, die Fotos nur mit ihrer Psychologin anzusehen, die ihr half, über die Trauer hinwegzukommen. Über diesen Vorschlag war ich sehr froh. Es war jemand da, der sich auskannte und ausgebildet war, mit dieser Situation umzugehen. Ich war das nämlich nicht. Ich bin Techniker und habe keine Ahnung, was mein USB-Stick voller Bilder mit der Seele der Mutter gemacht hätte.

Heute weiß ich, dass die Mutter den USB-Stick erst einmal für über ein Jahr in eine Schublade gelegt hat. Es hat ihr schon geholfen, dass sie die Bilder anschauen hätte können, wenn sie gewollt hätte, sagte sie mir einmal. Ihre Erinnerungen an Jessica sind zudem lebendiger als alte Fotos, hat sie mir gesagt.

Auch Tote haben Rechte

Nicht nur moralisch, sondern auch juristisch ist der Umgang mit unseren Daten nach dem Tod ziemlich knifflig. Das zeigt der Fall eines 15-jährigen Mädchens, das im Jahr 2013 in Berlin gestorben ist. Die genauen Todesumstände waren unklar. Daher verlangten die Eltern von Facebook Zugang zum Konto ihrer Tochter. Facebook verweigerte den Zugriff und berief sich auf das Fernmeldegeheimnis, das zu unseren Grundrechten zählt. Die Daten des Mädchens seien geheim und dürften selbst den Eltern nicht herausgegeben werden. Außerdem habe die Verstorbene vor ihrem Tod mit vielen Freunden und Freundinnen kommuniziert. Auch diese Chats seien vertraulich. Nachdem zwei Berliner Gerichte zunächst Facebook recht gegeben hatten, urteilte der Bundesgerichtshof im Jahr 2018 zugunsten der Eltern. Genauso, wie man ein Tagebuch erben könne, könne man auch einen Facebook-Account als Erbe erhalten, meinten die Richter an unserem höchsten deutschen Zivilgericht. Facebook übergab daraufhin ein riesiges PDF mit 14.000 Seiten an die Eltern. Das sei nicht ausreichend, meinten die Eltern. Die Auswertung könne Monate dauern. Als Erben hätten sie Anspruch auf einen benutzbaren Zugang, so wie jeder andere Facebook-Nutzer auch. Zu Recht entschied abermals der Bundesgerichtshof. Erben müssen den vollen Zugang zu einem sozialen Netzwerk bekommen – mit allen Funktionen. Solange du noch lebst, kannst du bei den meisten sozialen Netzwerken nämlich selbst bestimmen, was nach deinem Tod mit deinen Daten passieren soll. In der Regel kannst du zwischen dem automatischen Löschen aller Daten und dem Gedenkzustand wählen. Wählst du den Gedenkzustand, dann sind alle deine Postings auch nach deinem Tod noch sichtbar. Nur kommentieren kann niemand mehr. Dein digitales Ich wird dann so lange existieren, wie es auch das soziale Netzwerk gibt. Neben deinen Konten bei Facebook, YouTube & Instagram werden natürlich auch Apple-iCloud und Amazon-Shopping oder Bitcoin-Accounts vererbt. Das Problem ist nur, dass die Erben die Passwörter zu diesen Accounts oft nicht haben und mühselig von den Anbietern erfragen müssen. Manchmal wissen Erben nicht einmal, welche Anbieter der Verstorbene genutzt hat. Aus diesem Grund wäre es gut, alle Passwörter mit einem Passwortmanager zu hinterlegen und das Passwort zu diesem Passwortmanager z. B. bei einem Notar oder bei einer Vertrauensperson zu hinterlegen. Dieser wird dann nach dem Tod gesammelt alle Passwörter an die Erben herausgeben. Einer Umfrage zufolge haben das bislang nur 15 % aller Deutschen getan.

Echt jetzt?

Nicht an seinen digitalen Nachlass gedacht hatte 2018 Gerald Cotten, der Chef der Kanadischen Krypto-Bank Quadriga CX. Niemand außer ihm kannte das Passwort, mit dem die Bitcoins der Kunden im Wert von weit über 100 Millionen Dollar verschlüsselt waren. Als er auf einer Reise in Indien überraschend verstarb, nahm er das Geheimnis mit ins Grab. Aufgrund einiger Ungereimtheiten vermuten einige jedoch, dass Cotten noch lebt, das Geld gestohlen hat und untergetaucht ist. So oder so – die Anleger schauen bis heute in die Röhre.

Dein Leben – Dein Tod

Der Tod gehört zum Leben dazu. Ein Satz, den man oft gesagt bekommt und doch nicht hören will. Trotz meiner psychotherapeutischen Ausbildung ist es auch für mich ein Thema, das ich nicht so gern mit Freundinnen am Abend locker bequatsche. Und doch ist es tatsächlich wichtig, sich damit auseinanderzusetzen. Insbesondere wenn es darum geht, was für eine Meinung du zum Thema digitales Ich nach deinem Tod hast. Wenn du schon beim Lesen ein mulmiges Gefühl hast, dann rate ich dir, das nicht allein zu machen. Am besten ist es, wenn du zu diesem Thema etwas begleitet wirst. Vielleicht im Rahmen des Schulunterrichts, von der Schulpsychologin, einem engen Freund oder deinen Eltern. Jemandem, dem du vertraust und mit dem du gut reden kannst. Gemeinsam kann man dieses Gedankenexperiment mal vorsichtig zulassen. Es kann sein, dass dich nur der Gedanke an deinen eigenen Tod so traurig macht, dass es dir unmöglich scheint, dich zu entscheiden, ob die Daten, die das Internet von dir im Laufe deines Lebens angesammelt hat, an deine Erben gehen oder ob sie alle gelöscht werden sollen. Und das ist normal. Die Auseinandersetzung mit dem eigenen Tod ist einfach erst mal etwas sehr Angsteinflößendes. Schließlich ist es auch ein wichtiger Schutzmechanismus unseres Gehirns, nicht ständig daran zu denken, dass man schon morgen sterben könnte. „Soll ich noch aufräumen? Ne, ich schau lieber den ganzen Tag Serien, schließlich könnte es mein letzter sein." Würden wir jeden Tag so entscheiden, fiele es uns sehr schwer, Ziele zu verfolgen, die nicht innerhalb von einer Stunde erreicht werden können. Das heißt: Es ist normal, nicht dauernd daran zu denken, irgendwann zu sterben. Die Forschung hat jedoch auch herausgefunden, dass Menschen, die sich zumindest ab und an mal über den eigenen Tod Gedanken machen, ihr Leben zufriedener und intensiver leben und mehr Motivation für ihre eigenen Interessen aufbringen können. Die Forschung um „Vergänglichkeit" ist ein richtiger Trend in der Psychologie geworden. Es gibt nun sogar Apps, die einen mehrmals am Tag daran erinnern, dass auch das eigene Leben irgendwann ein Ende hat. Auch dies soll unsere Zufriedenheit steigern. Für meinen Geschmack ist das ein wenig zu viel, aber da darf jeder sein eigenes Maß finden. Die Beschäftigung damit, was mit meinen digitalen Daten passiert, ist mir persönlich jedoch sehr wichtig. Ich selbst habe mich dafür entschieden, sie löschen zu lassen. Da es nicht bei allen Portalen möglich ist, dies schon in den Einstellungen vorzunehmen, habe ich mich für eine Variante entschieden, die ich von Christian lernen durfte: eine Liste mit allen Zugängen erstellen und diese bei einem Notar hinterlegen, damit eine Person meiner Wahl die Konten dann löschen kann. Ich kenne aber auch viele, die dies mit ihren Erben (meist Eltern oder Geschwister) besprechen und eine Einigung finden. Das ist etwas sehr Individuelles. Wichtig finde ich, dass du das für dich selbst entscheidest. Keine andere Meinung spielt da eine Rolle. Es ist dein Leben – mit allem, was dazugehört.

INTERNET UND WWW

Die erste jemals im Web übertragene Nachricht endete abrupt nach dem zweiten gesendeten Buchstaben. Dann crashte das gesamte Internet. LOL!

1968 erteilte die US Army den Auftrag, die Computer der für das Verteidigungsministerium forschenden Universitäten miteinander zu verknüpfen. Es gab erst wenige Computer und diese sollten über Telefonleitungen Daten untereinander austauschen können. Im Herbst 1969 war es so weit. Mit den amerikanischen Universitäten Utah, Los Angeles, Santa Barbara und dem Forschungszentrum Stanford gingen die ersten vier Standorte online. Das Netz hieß damals noch ARPANET (Advanced Research Projects Agency Network) und von einem World Wide Web war das spätere Internet noch weit entfernt.

Zuerst wuchs das ARPANET sehr langsam. In den ersten vierzehn Jahren bis 1983 wurden gerade einmal etwa 500 Rechner angeschlossen. Erst 1990 stieg die Anzahl der Nutzer schlagartig auf über 300.000 an. Der Grund: Das Internet wurde in diesem Jahr durch die National Science Foundation für alle Menschen freigegeben und die ursprünglich rein militärische Nutzung eingestellt. Ohne den Wissenschaftler Tim Berners-Lee wäre es aber wohl nie so weit gekommen. Er hatte die grundlegende Idee für das, was wir heute World Wide Web nennen. Berners-Lee erschuf mit **HTML** und dem **Browser** die Möglichkeit,

Informationen standardisiert darzustellen und weltweit abzurufen. Und mit seiner Erfindung des Links
wurde dann das Wissen von Tausenden Webseiten auf
der ganzen Welt miteinander verknüpft.

Heute nutzen über 4,1 Milliarden Menschen das Internet. Auch
die Datenraten sind gestiegen. Allein ein YouTube-Server schickt
für eine einzige Minute HD-Video problemlos etwa 314.572.800
Zeichen, die Bytes genannt werden, über die Leitung auf dein Smartphone. Davon konnten ARPANET-Projektleiter Leonard Kleinrock
und sein Programmierer Charley Kline nur träumen.

Am 29. Oktober 1969 um 22:30 Uhr waren die ersten
beiden Rechner des späteren Internets miteinander
verbunden. Die zwei Forscher wollten sich nun mit dem
„LOGIN"-Befehl von Los Angeles aus an einem Rechner im 500 km
entfernten Stanford anmelden. Kline tippte den Buchstaben „L" auf
der Tastatur und Kleinrock fragte über Telefon nach: „Habt ihr das
L empfangen?" – „Ja, haben das L erhalten", bekam er als Antwort
in sein Headset. Kline tippte den nächsten Buchstaben. „Habt ihr
das O empfangen?" – „Ja, haben das O", war die Antwort. Das war
es dann aber auch. In dem Moment, als Charlie Kline die Taste G auf

seiner Tastatur drückte, stürzte die Verbindung ab. Die erste jemals über das Internet
übertragene Nachricht war daher nur „LO".
Es sollte der Befehl LOGIN werden und hätte
nicht einmal für ein LOL gereicht.

Für das Netz sind alle Menschen gleich

Auch wenn beim ersten Versuch einiges schiefgegangen ist, wirklich abgestürzt ist das Internet eigentlich nie. Das hat mit dem technischen Aufbau zu tun. Früher waren zwei Computer direkt miteinander verbunden, meistens über eine Telefon- oder Standleitung. Die Leitungen waren langsam und bei dem kleinsten Fehler musste man die gesamte Übertragung erneut starten. Und Störungen gab es oft.

Beim ARPANET sollte das anders werden. Es wurde als erstes dezentrales Netz geplant. Das war revolutionär und bedeutet, dass die wichtigen Dienste auf verschiedene Orte verteilt wurden. Und anstatt einzelne Leitungen zwischen Computern zu schalten, gibt es zudem sogenannte Netzknoten, die wie ein Spinnennetz untereinander verbunden sind. Fällt eine einzelne Verbindung aus, können die Daten einfach einen anderen Weg nehmen.

Dass es egal ist, welchen Weg die Daten nehmen, haben wir den Forschern Vinton G. Cerf und Bob E. Kahn zu verdanken. Sie entwickelten 1974 eine Technik, die sie TCP/IP nannten. Das steht für Transmission Control Protocol/Internet Protocol. Es beschreibt, wie die Daten im Netz transportiert werden. Bei TCP/IP werden die Daten in nummerierte Pakete eingepackt, die eine Art Adressaufkleber erhalten und einzeln verschickt werden. Der Vorteil ist, dass theoretisch jedes einzelne Paket einen anderen Weg zum Zielrechner nehmen kann. Und geht eines verloren, muss man nicht alles erneut schicken, es reicht das fehlende Paket.

Das funktioniert ungefähr so: Stell dir vor, du möchtest einem

Freund per Post ein Comicheft schicken. Aber anstatt das ganze Heft am Stück in die Post zu stecken, schneidest du alle Bilder aus und nummerierst sie. Jedes Comicbildchen wird nun in ein eigenes, kleines Paket mit Adressaufkleber gepackt. Dann rufst du bei den Paketdiensten DHL, UPS und DPD an und gibst jedem ein paar Schachteln mit. Völlig egal, welche. Es spielt auch keine Rolle, welchen Weg jedes Paketauto fährt. Eines fährt über die Autobahn, ein anderes nimmt die Landstraße und das dritte muss einen Umweg machen, weil eine Straße gesperrt ist. Irgendwann werden alle Pakete bei deinem Freund angekommen sein. Anhand der Nummern kann er die Bildchen nun in die richtige Reihenfolge legen und den Comic lesen. Auch die Datenpakete bei TCP/IP haben eine Art Nummer. So können sie auf dem Zielrechner wieder in der richtigen Reihenfolge zusammengesetzt werden. Das ist wichtig, schließlich möchtest du ja das Ende eines Filmes nicht vor dem Anfang sehen.

TCP/IP hat aber noch einen ganz anderen wichtigen Aspekt. Jedes Datenpaket wird nämlich gleich behandelt, was man „Netzneutralität" nennt. Keine Daten werden schneller transportiert, keine werden ausgebremst. Es spielt also keine Rolle, ob es eine E-Mail von einem Millionär ist oder die WhatsApp von einem Bettler. Dem Internet ist es egal, ob du dunkle oder helle Haut hast, ob du hübsch oder hässlich bist. Auch die Religion spielt keine Rolle. Es ist ihm sogar egal, ob du ein Mörder, ein Dieb oder ein guter Mensch bist. Alle Daten im Netz sind bei Netzneutralität gleich viel wert.

Nun gibt es aber Firmen und auch einzelne Politiker, die die Netzneutralität abschaffen möchten. Sie sagen, dass wichtige Daten schneller übertragen werden sollen als unwichtige. Ein lustiges YouTube-Video sollte zum Beispiel warten, wenn eine eilige Bestel-

lung für Medizin übertragen wird. Auch wenn das logisch klingt, die Frage ist, wer entscheidet, was wichtig ist? Ist es die Firma, die das Netz gebaut hat? Oder die Regierung? Stell dir vor, du stehst auf der Autobahn im Stau. Wäre es nicht ungerecht, wenn du und viele andere warten müsstet, aber Millionäre und die Freunde von Politikern auf der Standspur an euch vorbeirauschen dürften?

Definitiv keinen Stau gibt es auf dem Weg zur ISS, der Internationalen Raumstation, die um die Erde kreist. Wer das Glück hat, als Astronaut auf die ISS zu dürfen, steht niemals still. Die ISS rast mit einer Geschwindigkeit von 7,66 Kilometern pro Sekunde durch das All. Aber nicht nur die Raumstation ist schnell unterwegs, sondern auch die Daten von und zu ihr. Nach einem Upgrade im Jahr 2019 können die Astronauten auf der ISS mit einer Geschwindigkeit von sage und schreibe 600 Megabit pro Sekunde im Internet surfen. Möglich machen das eine Reihe von auf dem Boden platzierten Antennen. Von 600 Mbit/s können die meisten Menschen auf der Erde nur träumen. Gerade auf dem Land müssen viele traurigerweise noch mit 16 oder gar nur 3 Mbit/s auskommen.

Echt jetzt?

Am Freitag, dem 22. Januar 2010 gelang die erste erfolgreiche Anbindung eines Computers im Weltraum mit dem Internet. Astronaut Timothy Creamer twitterte sogleich die erste Nachricht von der ISS.

Netzneutralität vor Gericht

D as Internet ist für uns längst Alltag. Rechtlich wirft es aber oft eine ganze Menge Fragen auf, die am Ende Richter vor Gericht entscheiden müssen – so auch beim Thema Netzneutralität.

Im Jahr 2019 stellte sich vor dem Oberverwaltungsgericht in Nordrhein-Westfalen die Frage, ob das StreamOn-Angebot der Telekom eigentlich erlaubt ist. Denn wer seinen Tarif um diesen Zusatz erweitert hatte, konnte bestimmte Streaming-Angebote nutzen, ohne dass sein Datenvolumen dadurch weniger wurde. Doch was für Nutzer praktisch ist, ist nicht immer im Sinne des Gesetzes. Denn wie bereits erläutert, besagt der Grundsatz der Netzneutralität, dass alle Daten im Internet gleich behandelt werden müssen. StreamOn hat aber gerade die Streaming-Dienste bevorzugt.

Aber ist das nun erlaubt oder nicht? Diese Frage beantwortete das Gericht mit einem „Jein". Im Prinzip sei es in Ordnung. Was jedoch nicht ginge, sei der Umstand, dass die Telekom beim Videostreaming die Auflösung auf DVD-Qualität verringert hat, diese Drosselung beim Audiostreaming aber nicht vorgenommen hat. Das war eine klare Ungleichbehandlung der verschiedenen Streaming-Arten und damit nicht netzneutral. Das Gericht hat daher entschieden, dass die Telekom die Qualität zwar reduzieren darf, dies dann aber bei Audio- und Videodiensten gleichermaßen tun muss. Die Telekom reagierte prompt und gab – zur Freude der Nutzer – die Drosselung komplett auf.

Das Internet und der Mensch

Nicht nur im Netz sind alle Menschen gleich. Auch wenn es darum geht, was wir Menschen brauchen, unterscheiden wir uns nicht so stark, wie man vermutet. Anfang des Jahres 2020 wurde die Welt mit einer neuen Herausforderung konfrontiert. Das Coronavirus breitete sich mit rasender Geschwindigkeit über den gesamten Erdball aus. Viele Menschen wurden in sehr kurzer Zeit schwer krank. Für die meisten Länder stand schnell fest: Wir müssen reagieren und unsere Bevölkerung schützen. Reagieren hieß neben der Vorbereitung der Krankenhäuser auf die Versorgung vieler möglicher Kranker auch das Schützen von Personengruppen wie beispielsweise älteren Leuten, die vermutlich anfälliger für einen schweren Verlauf der Corona-Erkrankung sind. So wurde es eine Aufgabe für die ganze Gesellschaft, ob jung oder alt, gesund oder krank, zusammenzuhalten. Für uns alle bedeutete dies große Veränderungen und einen massiven Eingriff in unser Leben. Sogenannte Ausgangs- und Kontaktsperren über Wochen und Monate hinweg, die Schließung von Kindergärten und Schulen, kein Besuch mehr bei den Großeltern, kein Treffen mit Freunden. Machen wir nun ein kleines Gedankenexperiment. Stell dir vor, es ist wieder Lockdown und es gibt kein Internet. Was machst du? Erst einmal heftig fluchen wahrscheinlich und dann weinen. So geht es uns allen. Es ist, als wären alle Skeptiker plötzlich verstummt und das Internet zum Geschenk der Menschheit geworden. Wir können mit Freunden schreiben und jede Frage ganz einfach googeln. Digitale Plattformen, auf denen die Hausaufgaben hochgeladen und korrigiert werden, ersetzen den Unterricht im Klassenzimmer. Viele können ganz einfach von zu Hause arbeiten – sogar die Politiker unserer Regierung. Die Digitalisierung hilft also der Politik, Wirtschaft und Gesellschaft. Chats und Videokonferenzen mit unseren Freunden und Verwandten helfen uns, in Kontakt zu bleiben. Das ist sehr wichtig, denn soziale Distanz kann einsam machen. Die psychologische Forschung hat herausgefunden, dass jeder Mensch zentrale **Grundbedürfnisse** hat. Sind diese nicht erfüllt, kann er krank werden. Neben Essen, Trinken und Schlafen brauchen wir auch Kontakt zu anderen, zum Reden, Zuhören, Trösten oder Lachen. Für viele ist das selbstverständlich. Sie haben eine große Familie, gehen in einen Sportverein oder treffen sich mit Freunden. Für andere ist aber die Schule oder die Arbeit der einzige Ort, wo sie gute Kontakte zu anderen haben. Bist du viel allein oder lebst in einer Familie, in der viel gestritten wird, kann so eine Situation sehr belastend sein. Vielleicht bist du häufiger traurig oder wütend? Das ist ganz normal. Damit musst du aber nicht allein klarkommen. Es gibt spezielle Hotlines, die du Tag und Nacht anrufen kannst. Dein Anruf dort ist anonym und die Mitarbeiter sind professionell ausgebildet, um dir zu helfen. Außerdem kannst du auf verschiedenen Internetseiten viele Informationen finden und dich mit Leuten austauschen, denen es ähnlich geht. Was ein Glück, dass es das Internet gibt, oder?

Echt jetzt?

Videochat mit einem Lama – kein Witz. Eine Farm in den USA hatte aufgrund ausbleibender Besucher nicht genügend Geld für die laufenden Kosten und wurde erfinderisch. Gegen Bezahlung kannst du dir ein Tier in deinen Videochat holen.

INTERNET DER DINGE

Nicht nur Menschen, auch Geräte tauschen über das Internet Daten aus. Schon heute gibt es etwa achtmal mehr onlinefähige Geräte (ca. 35 Milliarden) als Menschen (ca. 4,1 Milliarden) im Netz. Das wird als Internet der Dinge bezeichnet, was auf Englisch Internet of Things heißt und IoT abgekürzt wird.

Smarte Geräte im IoT vereinfachen vieles und nehmen ihren Besitzern viel Arbeit ab. So kann man bequem von der Couch mithilfe des Smartphones über die Türklingel mit dem Postboten reden und die Tür öffnen. Früher musste man noch aufstehen und hinlaufen. Gleiches gilt für das Licht oder die Jalousien. Beides kann man auch im Urlaub vom Strand aus bedienen.

Es wird in Zukunft noch viele sinnlose und sinnvolle Erfindungen im IoT geben. Klorollenhalter, die selbstständig Nachschub bestellen, braucht kein Mensch. Auch Windeln, die die stolzen Eltern per WhatsApp-Nachricht informieren, wenn das Baby „groß" gemacht hat, scheint niemand zu wollen. Die Firma, die das 2012 erfunden hat, existiert heute nicht mehr.

Sinnvoll hingegen sind Sensoren, die automatisch die Werte eines kranken Menschen überwachen und Medikamente dosieren können. Früher mussten sich zum Beispiel Menschen mit der Stoffwechselkrankheit Diabetes mehrmals am Tag in den Finger stechen, einen Tropfen Blut auf ein Messgerät geben und sich dann entsprechend den Messwerten Insulin spritzen. Das ist nicht nur nervig, man durfte es auch keinesfalls vergessen. Heute übernimmt das ein

Sensor am Arm, der die Werte nicht nur online an den Arzt übermittelt, sondern auch eine winzige Insulin-Pumpe am Bauch steuern kann.

Von 2021 bis 2025 wird sich die Anzahl der IoT-Geräte weltweit vermutlich auf über 75 Milliarden verdoppeln. Ein großer Teil der Geräte im IoT befindet sich jedoch nicht in unseren Häusern, sondern ist in Fahrzeugen eingebaut. Daher muss sich die Geschwindigkeit der Datenübertragung, speziell im Mobilfunknetz, erhöhen. Wenn sich selbstfahrende Autos auf der Autobahn „unterhalten" müssen, um keinen Unfall zu verursachen, dann muss das in **Echtzeit** geschehen. Auch zu diesem Zweck wird extra das sogenannte 5G-Netz gebaut.

Bei aller Freude über smarte Geräte und Komfortfunktionen ist es natürlich auch wichtig, dass alle Hersteller ihre Geräte gegen Hackerangriffe schützen. Schließlich will niemand, dass Einbrecher die smarte Klingel mit Türöffner hacken können, um sich selbst reinzulassen. Leider gibt es noch zu viele unsichere Geräte im IoT. Einige Sicherheitsexperten sagen daher scherzhaft, dass das S in der Abkürzung IoT für Sicherheit steht. Du siehst selbst ... da ist gar kein S in IoT.

IoT – Fluch oder Segen?

B ei aller Freude über lustige oder komfortable Funktionen vergessen wir oft, dass es neben Vorteilen auch Nachteile gibt. Und diese Nachteile sieht man im Internet der Dinge oft erst bei genauerem Hinsehen.

Eine Glühbirne stellt normalerweise keine Gefahr dar. Kann man das Licht aber über das Internet an- und ausschalten, dann kann das echt krasse Probleme bereiten. Es hängt nämlich davon ab, wo diese Glühbirne eingesetzt ist. Wenn ein Hacker eine smarte Glühbirne einfach ausschalten kann, dann ist es nur ärgerlich, wenn abends deine Leselampe ausgeht. Wenn diese Glühbirne aber das Rotlicht der Ampel an der großen Kreuzung ist, dann könnte es sogar Verletzte und Tote geben.

Experten sagen vorher, dass die Fahrassistenten von Autos, die miteinander über das Internet kommunizieren, bis zu 90 % der Unfälle verhindern können. Klingt toll, oder? Auch wenn es krass ist: Für Menschen, die auf eine Organspende angewiesen sind, ist das eine Katastrophe. Denn ein großer Teil der heute gespendeten Organe stammt von Opfern aus Verkehrsunfällen. Und diese werden eigentlich dringend gebraucht.

Echt jetzt?

1982 bauten Studenten in den USA eines der ersten mit dem Internet verbundenen Geräte. Durch Sensoren an einem Coca-Cola-Automaten konnten sie abfragen, ob noch kalte Flaschen im Automaten waren.

Das Robotaxi auf der Anklagebank

Auch bei noch so intelligenten und durchdachten Produkten kann bei der Anwendung etwas schiefgehen. Im schlimmsten Fall kann ein Produkt sogar einem Käufer schaden. Dann stellt sich ziemlich schnell die Frage, wer dafür aufkommt. Damit beschäftigt sich die sogenannte Produkthaftung.

Im Jahr 2018 sorgten Robotaxis aus den USA, also selbstfahrende Autos, für Aufsehen. Denn ein Fehler in der Software führte dazu, dass eine Fußgängerin von einem solchen Robotaxi getötet wurde. Und das, obwohl sogar ein menschlicher Fahrer als Absicherung hinter dem Steuer saß! In so einem Fall besteht der finanzielle Schaden zum Beispiel aus den Kosten für die Beerdigung. War der Verstorbene der Hauptverdiener einer Familie, stellt sich aber auch die Frage, wer langfristig für den Unterhalt aufkommen muss. Denn nicht immer zahlen Versicherungen. Und genau in einem solchen Fall ist die Produkthaftung gefragt.

Produkthaftung bedeutet, dass unter bestimmten Voraussetzungen der Hersteller eines Produkts auch den daraus entstandenen Schaden ersetzen muss. Er muss dem Käufer seines fehlerhaften Produkts also einen Geldbetrag bezahlen, der den erlittenen Schaden wiedergutmacht.

Echt jetzt?

Weil sie in einem Restaurant in einer Getränkepfütze ausgerutscht ist und sich verletzt hat, erhielt eine Amerikanerin 113.500 Dollar Schadenersatz – obwohl sie das Getränk vorher selbst verschüttet hatte.

Smarte Gadgets, dumme Menschen?

Smarte Lampen, smarte Fenster. Die Technik nimmt uns in vielen Bereichen das Denken ab. Werden wir Menschen dadurch dümmer?

Um diese Frage zu beantworten, gucken wir uns die Entwicklung des Intelligenzquotienten (**IQ**) an. Die Wissenschaft hat herausgefunden, dass der IQ der Menschen in den letzten Jahrzehnten stetig angestiegen ist. Es wird vermutet, dass bessere Schulausbildung, Fortschritte in der Medizin und eine gesündere Ernährung die Ursachen für den Anstieg waren. Nun beobachet man seit einigen Jahren, dass der IQ wieder leicht absinkt. Einen Beweis, dass der technische Fortschritt schuld daran ist, gibt es nicht.

Die anspruchsvolle Technik verlangt allerdings auch, dass viele von uns zu Spezialisten in einem ganz bestimmten Gebiet werden. Denn die Technik muss erfunden, installiert und repariert werden. Und das erfordert Detailwissen.

Wissenschaftlerinnen und Wissenschaftler vermuten daher, dass diese extreme Spezialisierung dazu führt, dass wir weniger allgemeine Intelligenz haben und somit einen niedrigeren IQ.

Fakt ist, wir brauchen ein „anderes" Wissen als früher. So ist es nicht mehr unbedingt wichtig, dass du weißt, wie die Hauptstadt von Äthiopien heißt. Viel wichtiger ist es, dass du weißt, wo du die Antwort (Addis Abeba) finden kannst.

Werden wir dann also nicht nur dumm, sondern auch noch faul, weil wir uns nichts merken müssen?

Das ist so nicht richtig. Es stimmt, dass wir uns durch die ständige Verfügbarkeit von Suchmaschinen weniger Fakten merken müssen. Allerdings ohne Wissen, wie und wo wir suchen müssen, kommen wir nicht an die Fakten. Außerdem benötigen wir ein Vorwissen, um nützliche von nicht nützlichen oder sogar falschen Informationen zu unterscheiden. Haben wir das nötige Vorwissen und verwenden das Internet und die smarte Technik als zusätzliches Lernmittel, können wir besser und schneller werden. Und die freie Zeit, die dir dadurch bleibt, könntest du dann wiederum nutzen, um neue Dinge zu lernen. Du hast es quasi selbst in der Hand, wie du den technischen Fortschritt für dich nutzt.

Echt jetzt?

Wusstest du, dass die Schule unsere Intelligenz trainiert? Durch einen Monat auf der Schulbank verbessert sich unser IQ um 0,3–0,4 Punkte. Andersherum sinkt unser IQ bei langen „Trainingspausen", zum Beispiel durch lange Schulferien.

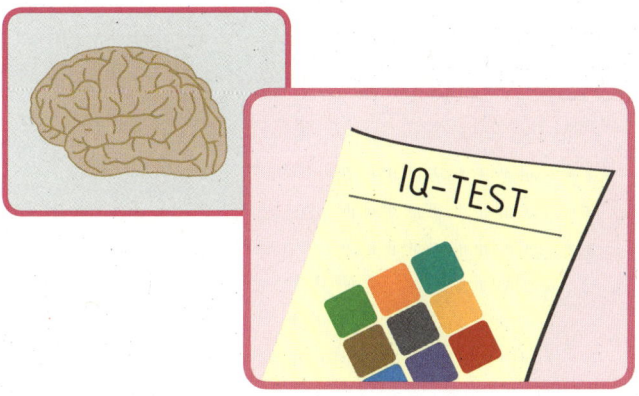

DARKNET

Immer wieder liest man, dass Verbrecher im Darknet ungehindert Drogen verkaufen. Einige Politiker fordern daher, dass das Darknet abgeschaltet werden soll. Das ist aber gar nicht möglich und würde zudem Menschenleben gefährden.

Wer im Internet etwas sucht, der nutzt oft Google. Bereits 2008 kannte die Suchmaschine 1.000 Milliarden Seiten im Netz. Das ist eine 1 mit 12 Nullen. Eigentlich sollte man meinen, dass Google das ganze Internet kennt. Das tut es aber nicht. Ziemlich viele Seiten können von Suchmaschinen nämlich gar nicht erfasst werden. Zum Beispiel deshalb, weil man vorher ein Passwort eingeben muss, um sie aufzurufen. Das, was Suchmaschinen einfach so finden können, nennt man Visible Web (englisch für „sichtbares Netz"). Den anderen Teil hinter Zugangsbeschränkungen bezeichnet man als Deep oder Hidden Web („tiefes" oder „verstecktes Netz").

Und dann gibt es noch das Darknet, das ein Teil des Deep Webs ist. Um ins Darknet zu gelangen, benötigt man zwar kein Passwort, dafür jedoch einen speziellen **Browser**. Denn die Daten im Darknet sind verschlüsselt. Und zwar so gut, dass nicht einmal Polizei und Geheimdienste erkennen können, wer da seine Meinung schreibt, etwas liest, kauft oder verkauft.

Das macht das Darknet für Kriminelle natürlich sehr interessant. Wer illegale Waren anbietet, freut sich natürlich, wenn man (digital) nicht erwischt werden kann. Die Polizei versucht daher, über die Beobachtung von Paketsendungen und Geldzahlungen an die Gangster zu kommen. Das ist zwar sehr mühsam, aber sie ist dabei auch immer wieder erfolgreich. 2019 wurden die Betreiber eines Darknet-Marktplatzes, auf dem gestohlene Passwörter,  Drogen und sogar Waffen verkauft wurden, verhaftet. Einer von ihnen hatte den Fehler begangen, sein privat genutztes Konto bei einer Gaming-Plattform mit dem digitalen Geld Bitcoin zu bezahlen, das er vorher bei illegalen Geschäften im Darknet „verdient" hatte. Über diese Verbindung kam ihm die Polizei letztlich auf die Schliche.

Nun kann man sich fragen: Warum schaltet die Polizei das Darknet nicht einfach ab, wenn da so viele Gangster sind? Einerseits ist das kaum möglich, weil man praktisch nie Zugriff auf alle beteiligten Server hat. Schaltet man einen ab, übernehmen auch sofort andere. Zudem ist das Darknet für einige Menschen überlebenswichtig. Daher will man es auch gar nicht abschaffen. Man hat es ja sogar extra dafür entwickelt, dass man anonym sein kann. Für Bewohner von Ländern, in denen man bei Kritik an der Regierung eingesperrt oder gar gefoltert wird, ist es nämlich die einzige Möglichkeit, gefahrlos von Missständen zu berichten. Das Darknet bietet halt nicht nur Kriminellen, sondern auch Journalisten und Oppositionellen die Möglichkeit, ihre Kommunikation unbemerkt und bestmöglich geschützt vor Diktatoren abzuwickeln.

Aber auch der Zugang zu freien Nachrichten ist über das Darknet möglich und sinnvoll. Durch die Anonymität der Benutzer ist es für viele Menschen in **autoritären** Ländern oft der einzige Weg, um gefahrlos an unabhängig recherchierte Informationen zu gelangen. Deshalb haben im Darknet nicht nur Drogenhändler Webseiten, sondern auch eine der bekanntesten Zeitungen der Welt: die New York Times.

Die Erfindung des Darknet

Eigentlich gibt es „das" Darknet gar nicht. Es gibt mehrere. Alle Webseiten und Dienste, die man nur aufsuchen kann, wenn man von ihnen weiß und für die zudem ein spezielles Zugangs- und Verschlüsselungsprogramm benötigt wird, nennt man Darknet.

Die grundlegende Idee veröffentlichten 1995 drei Forscher vom U.S. Naval Research Lab (NRL), einem Labor der amerikanischen Marine. Sie wollten ein Netzwerk bauen, in dem sowohl die Teilnehmer als auch die Inhalte anonym sind. Die Idee war ein verschlüsselter Tunnel, in dem die Daten über das ansonsten offene, für alle mitlesbare Internet transportiert werden. Mit Unterstützung anderer Forscher, unter anderem vom berühmten Massachusetts Institute of Technology (MIT), wurden zwischen 2005 und 2008 das Tor-Netzwerk und der Tor-Browser fertiggestellt. Es ist heute das größte und bekannteste Darknet.

Anders als im Internet laufen die Daten im Tor-Netzwerk nicht direkt zum Zielrechner. Der Name „Tor" steht für „The onion router", was so viel bedeutet wie „Der zwiebelartige Vermittler". Daher auch das Zwiebel-Logo. Oftmals wird die Funktion des Tor-Netzwerks nämlich über das Zwiebelschalenprinzip erklärt. Eine Zwiebel besteht aus mehreren Schichten und jede Schicht hat nur Kontakt zu der davor und danach. Auch im Tor-Netzwerk gibt es mehrere Schichten. Jede Anfrage wird nämlich nicht direkt zum Zielserver geschickt. Sie läuft im Tor-Netz über (meistens drei) zusätzliche Rechner, die Knoten genannt werden. Diese zufällig ausgewählten Knoten sind über die ganze Welt verteilt und verschleiern dadurch die Verbindung zusätzlich.

Jeder Knoten kennt nur seinen Vorgänger und Nachfolger. Das funktioniert durch eine geschickte Verschlüsselung. Durch sie kann jeder Knoten nur den Teil der Nachricht lesen, den er für die Weiterleitung der Daten benötigt. Weitere Details bleiben ihm verborgen. Daher bringt es auch nichts, *einen* Knoten zu überwachen. Ein Angreifer würde niemals den Inhalt und die Endpunkte der gesamten Übertragung herausfinden. Trotzdem gelingt es immer wieder, Darknet-Nutzer zu identifizieren. Die Polizei sammelt dazu indirekte Beweise. Einer könnte sein, dass auf illegale Anfragen im Darknet immer nur dann geantwortet wird, wenn der überwachte Verdächtige gerade am PC sitzt.

Die Verschlüsselung, die heute Journalisten, Whistleblower, aber auch Kriminelle schützt, war in den Anfangszeiten des Internets aber ein Problem. Als das NRL die erste Möglichkeit von anonymer und verschlüsselter Kommunikation anbot, gab es noch nicht so viel Datenverkehr wie heute. Und da vorzugsweise militärische Kommunikation verschlüsselt wurde, zog der „unlesbare" Datenstrom natürlich die Aufmerksamkeit ausländischer Geheimdienste auf sich. Auch wenn niemand den Inhalt kannte, so war klar, dass hier jemand kommunizierte, der Informationen geheim halten wollte. Da hätten die Agenten und Generäle auch gleich eine rote Lampe ins Fenster stellen können. Die Lösung des Problems war so einfach wie genial. Man öffnete die Darknet-Technologie für alle. Spätestens als sich Universitäten daran beteiligten, gab es genügend verschlüsselten Datentransfer im Internet. Die geheimen Nachrichten der Agenten und Generäle ließen sich nun von den Forschungsdaten der Wissenschaftler nicht mehr unterscheiden.

RECHT

Was ist am Darknet illegal?

Im Darknet geht es häufig nicht mit rechten Dingen zu, das ist allgemein bekannt. Drogen-, Menschen- und Waffenhandel kennt der normale Bürger nur aus dem Fernsehen. Das nun im Darknet „in echt" beobachten zu können, ist eine Vorstellung, die so mit Sicherheit mancher ziemlich spannend findet. Aber ist das Surfen im Darknet überhaupt erlaubt oder stellt auch schon das Beobachten der illegalen Machenschaften eine Straftat dar? Diese Frage ist durchaus berechtigt.

Die Antwort darauf kann nicht für das gesamte Darknet gegeben werden. Vielmehr muss zwischen legalen und illegalen Tätigkeiten im Darknet unterschieden werden. Das Darknet zu betreten und darin zu surfen, ist nicht grundsätzlich illegal. Denn es gibt vereinzelt auch legale Angebote im Darknet.

Es kommt darauf an, welche Seiten man besucht. Surft man beispielsweise auf Seiten, die allein den Zweck haben, einen Kommunikationsweg zur freien Meinungsäußerung in Staaten zu bieten, in denen keine Meinungs- und Pressefreiheit herrscht, dann ist dies völlig unproblematisch.

Anders sieht es hingegen aus, wenn du auf Seiten unterwegs bist, auf denen strafbare Handlungen vorgenommen werden. In manchen Fällen kann sogar das Ansehen dieser Seiten eine Straftat darstellen. Das ist zum Beispiel bei Kinderpornografie der Fall. Filme oder Fotos, die Kinder nackt oder bei sexuellen Handlungen zeigen, sind verboten. Verboten ist es aber nicht nur, solche Filme oder Fotos herzustellen oder ins Darknet zu laden. Auch der, der sich diese Bilder und Filme anschaut, macht sich strafbar. Wenn du auf einer solchen Seite surfst, machst du dich also schon allein durch das Surfen strafbar! Um das zu verhindern, solltest du auf keinen Fall Links im Darknet anklicken, die du nicht kennst.

Aber was ist mit den Seiten, auf denen illegale Produkte und Dienstleistungen angeboten werden? Sind die auch illegal? Hier kommt es ganz auf dein Verhalten an: Das reine Surfen auf solchen Seiten ist nicht illegal und damit auch nicht strafbar. Anders sieht dies hingegen aus, wenn du über diese Seiten illegale Produkte, wie zum Beispiel Drogen oder Waffen, kaufst. Das ist eine Straftat, die im schlimmsten Fall auch im Gefängnis enden kann. Denn von der angeblichen Anonymität des Darknets solltest du dich nicht täuschen lassen. Neben dir und deinen Freunden surfen nämlich verdeckt auch Polizisten im Darknet und warten nur darauf, Bekanntschaft mit solchen Käufern zu machen.

Echt jetzt?

Bis 2012 hatte die Bundeswehr nahe Traben-Trarbach an der Mosel einen Bunker. Als sie ihn nicht mehr benötigte, eröffnete ein Geschäftsmann darin ein Rechenzentrum. Obwohl die Polizei schnell vermutete, dass über die Server illegale Drogen- und Waffengeschäfte getätigt wurden, war eine Hausdurchsuchung nicht so einfach möglich. Kaum ein Gebäude ist so sicher wie ein Bunker. Ganze 650 Polizeibeamte, darunter Spezialeinheiten der GSG-9, verschafften sich letztlich am 29.09.2019 Zutritt und konnten den damals größten Darknet-Marktplatz für Drogen abschalten. In den Bunker hinein kamen die Beamten übrigens viel einfacher als gedacht: Die Bunkertür war nur mit einem einfachen Vorhängeschloss gesichert.

SUCHMASCHINEN

So manche Webadresse kennt jeder. Du willst ein lustiges Video anschauen? Ab auf YouTube und los geht's. Aber was macht man, wenn man süße Strickpullover für Hunde sucht? Wie soll man genau die richtigen auf den über 1,7 Milliarden Webseiten im Internet finden?

Wer große Mengen an Informationen anbietet, muss diese auch finden können, wenn jemand nach etwas sucht. Schon die größte Bibliothek der Antike in Alexandria hatte deshalb einen **Index**. Der Dichter Kallimachos von Kyrene erstellte Listen, in denen die Namen der Autoren und ihre Schriftrollen thematisch und alphabetisch katalogisiert waren.

Im Internet startete das Thema „Suchen und Finden" im Jahr 1990 mit einer einfachen Liste für Dateien und Dokumente. Sie wurde „Archie" genannt, das ist das englische Wort für Archiv, bei dem man das v weglässt. Mitte der 1990er-Jahre folgten dann die ersten Webseiten, bei denen man einen Suchbegriff eintippen konnte. Die Ergebnisse stammten von **Bots**, die von Webseite zu Webseite sprangen. Sie folgten dabei allen Links und katalogisierten so den Großteil des noch kleinen World Wide Webs. Die Suchergebnisse waren jedoch für den User nicht immer hilfreich. Die Listen waren oftmals unsortiert und enthielten teils sogar mehrfach die Seiten, die den gesuchten Begriff enthielten.

Altavista und Excite gehörten dann Mitte der 1990er zu den ersten Suchmaschinen, die die Inhalte einer Webseite bewerteten und vermeintlich wichtige Seiten ganz oben auflisteten. Das war zwar eine

Verbesserung, aber noch nicht perfekt. Sehr schnell erkannten nämlich die Webseitenbetreiber, dass ihre Seite weiter oben auftauchte, wenn der Suchbegriff häufig
auf der Seite vorkam. Viele Webseiten wurden daraufhin
am Ende sinnlos mit Hunderten von Wörtern aufgefüllt.

Erst Google machte es besser. Googles kluger Suchalgorithmus PageRank listet erstmals jene Webseiten ganz oben, die von anderen
Seiten oft verlinkt werden. Wer häufig als Referenz genannt wird,
muss wichtig sein – so der Gedanke der beiden Google-Erfinder Ser-
gey Brin und Larry Page. Und es funktionierte. Nutzer fanden das
Gesuchte plötzlich viel schneller, was sich sofort herumsprach. Google wurde daher bald zum Standard bei der Internetsuche und 2004
wurde das Verb „googeln" sogar in den Duden aufgenommen.

Für Macy und Tiffany sind Google & Co. extrem wichtig. Sie verkaufen in einem kleinen Laden auf den Philippinen süße Strickpullover für Hunde. Nur über die Suchmaschinen werden sie von Kunden auf der ganzen Welt gefunden. Auch hier in Europa. Das allein
reicht aber nicht. Auch die Qualität der Ware sollte stimmen, sonst
haben Macy und Tiffany keine Chance auf dem Markt. Über Google
wird schließlich auch die Konkurrenz gefunden. Und die ist groß.
Der Suchbegriff „Hundebekleidung" bringt alleine 663.000 Treffer.

1999 boten die Gründer Google für 1 Millionen Dollar zum Verkauf an. Der Preis erschien dem möglichen Käufer zu hoch und der
Deal platzte. Keine gute Entscheidung. Googles Marktwert liegt heute bei über 165 Milliarden Dollar.

Wer suchet, der findet

D ie Technik hinter Suchmaschinen ist viel komplexer, als man
auf den ersten Blick sieht. Einerseits müssen die gefundenen
Webseiten und Dokumente **indexiert** und analysiert werden. Andererseits müssen aber auch die Suchanfragen bewertet werden.
Sie sind nämlich nicht immer eindeutig. Wenn jemand nach „Golf"
sucht, meint derjenige dann das Auto oder den Sport?

Damit Google und andere große Suchmaschinen wie Bing oder
Yahoo bei zweideutigen Begriffen trotzdem oftmals richtigliegen,
speichern sie Informationen über dich. Denn wenn die Suchmaschine weiß, wer da sucht, dann weiß sie auch eher, was gemeint
ist. Wer früher schon nach schnellen Flitzern oder Autozubehör gesucht hat, dem wird beim Suchbegriff „Golf" daher das Auto angezeigt und kein Golfplatz in der Nähe.

Anhand eindeutiger Merkmale deines Computers und deines Verhaltens können Internetfirmen mit sehr hoher Wahrscheinlichkeit
feststellen, wer da gerade surft. Allein die Bildschirmauflösung,
dein verwendeter **Browser** und die darin installierten Add-ons machen deinen Rechner ziemlich einzigartig und können ausgelesen
werden. Das nennt man Profiling und hat nicht nur Vorteile für uns.
Anhand aller Suchbegriffe, die du jemals eingetippt hast, und auch
aller Webseiten, die du besucht hast, kann man dich nämlich in eine
Schublade stecken. Dein Profil wird so markiert, ob du sportlich
oder faul, sozial engagiert oder rassistisch, gesund oder krank bist.
Diese Informationen könnten später an andere Firmen weiterver-
kauft werden. Dann kriegst du zwar für dich passende Werbung für
Sportartikel, aber als häufig Kranker auch einen höheren Preis für

die Reiserücktrittversicherung bei der nächsten Urlaubsbuchung. Ist das fair? In Europa müssen Firmen nachfragen, ob sie Daten über dich speichern dürfen. Aber die meisten Menschen klicken einfach auf „Zustimmen", weil sie den Dienst ja nutzen wollen. Tatsächlich sind wir bei angeblich kostenfreien Diensten – auch bei den Suchmaschinen – nur selten „der Nutzer". Eigentlich sind wir „die Ware", mit der Google & Co. Geld verdienen.

Apropos Geld verdienen. PageRank von Google zählt nicht nur, wie viele Links auf eine Seite zeigen. Der **Algorithmus** wird permanent verbessert und achtet mittlerweile auch darauf, wie häufig neue und sinnvolle Texte auf einer Webseite gepostet werden. Da viele Firmen natürlich bei der Suche ganz oben stehen wollen, verändern und verbessern sie ihre Webseiten regelmäßig. Davon profitieren natürlich wir Nutzer und auch so mancher Arbeitnehmer. Es gibt nämlich mittlerweile einen eigenen Beruf dafür: den SEO-Experten, also den Experten für Search Engine Optimization. Oder auf Deutsch, den Suchmaschinenoptimierer.

Echt jetzt?

Googles Stromverbrauch ist gigantisch. Mit dem Verbrauch von 200 Suchanfragen kann man ein Hemd bügeln. Aber: Google nutzt zu 100 % erneuerbare Energien und ist der weltweit größte Abnehmer von Ökostrom.

Das Internet vergisst nie?

Dass man bei Google nahezu alles und jeden finden kann, ist für den Suchenden sicher super. Aber nicht jeder möchte, dass für immer z. B. dieses eine Foto von der Abi-Party gefunden werden kann. Insbesondere in einer Zeit, in der Arbeitgeber ihre Bewerber googeln, erscheint es nicht so toll, dass das Internet angeblich nie vergisst. Doch ganz richtig ist das nicht.

Im Jahr 2014 hat der Europäische Gerichtshof in einem sehr wichtigen Urteil entschieden, dass es ein sogenanntes „Recht auf Vergessenwerden" gibt. Das bedeutet, dass man grundsätzlich von Suchmaschinenbetreibern die Löschung von Einträgen über sich verlangen kann. Ausgenommen davon sind nur Prominente wie Filmstars oder Politiker. Da kann ein höheres Interesse der Allgemeinheit bestehen. Für die freie Entfaltung der Persönlichkeit ist dieses Urteil natürlich ein großer Sieg, es betrifft aber nicht die Informationen, die jemand selbst beispielsweise über soziale Netzwerke online gestellt hat.

Wenn du nun etwas gelöscht haben willst, dann kannst du eine E-Mail mit der Bitte um Löschung an den Suchmaschinenbetreiber schreiben. Sollte der darauf nicht reagieren, kann auch ein Anwalt eingeschaltet werden – viele Rechtsschutzversicherungen übernehmen auch die Kosten dafür!

Echt jetzt?

Zwischen 2014 und 2018 erhielt Google Löschanfragen für 2,4 Millionen Links. Nur einen Teil davon löschte Google wirklich.

Schäm dich!

„Pass auf, was du da öffentlich machst!", „Das Internet vergisst nichts!". Häufig sind diese Ratschläge, beispielsweise von Eltern oder Lehrkräften, gut gemeint. Im besten Fall bewahren sie dich davor, dass du dir damit für dein späteres Leben Steine in den Weg legst. Aber was tun, wenn es nun schon passiert ist? Dein aktueller Crush entdeckt ein vier Jahre altes Foto von dir mit Zahnspange und peinlichem Outfit im Netz. Das Gefühl, mit dem du da konfrontiert wirst, ist die Scham. Dein Herz schlägt schneller, die bekannte Schamesröte steigt dir ins Gesicht, du ärgerst dich über dich selbst und würdest am liebsten im Boden versinken und nie wieder herauskommen. Scham folgt in der Regel immer dann, wenn wir glauben, dass etwas, was wir gemacht haben, negative soziale Folgen hat: zum Beispiel von einer Gruppe oder einer wichtigen Person gemieden zu werden. Als wir noch Jäger und Sammler waren und auf das Leben in der Gruppe angewiesen, hatte Scham eine überlebenswichtige Funktion. Da der Mensch alles, was unangenehm ist, also auch die Scham, vermeidet, hat sie uns davon abgehalten, Dinge zu tun, die uns von der Gruppe ausschließen könnten. Und das Prinzip ist heute noch das gleiche: Wir haben Angst, dass wir zum Beispiel durch dieses Foto für unseren Schwarm nicht mehr attraktiv sind. Scham ist also im Grunde da, weil sie uns schützen will. Mit so einer Betrachtungsweise fällt es dir vielleicht das nächste Mal auch gar nicht mehr so schwer, wenn du sie spürst, die Welle der Scham. Sie kommt und sie geht wieder, wie alle unangenehmen Gefühle.

FAKE SHOPS

Die Zahlen steigen jährlich und bald schon machen drei von vier Menschen in Deutschland mit. Die Rede ist vom Onlineshopping, also dem Einkauf von Waren im Internet. Aber nicht nur die Anzahl der Käufer im Netz steigt, auch die Betrüger werden dort immer mehr.

Fiese Fake Shops liefern trotz **Vorkasse** gar keine Ware. Oder die Qualität der Produkte ist einfach nur mies. Insbesondere bei angesagter Markenware werden auch immer wieder gefälschte Produkte verschickt. Laut einer Umfrage des Vereins Bitkom vom Januar 2020 wurde schon jeder fünfte Käufer im Internet mindestens einmal übers Ohr gehauen. Tendenz steigend.

Die Masche der Betrüger ist einfach. Wer heute nach Schnäppchen sucht, nutzt häufig Suchmaschinen, um den günstigsten Onlineshop zu finden. Dem Käufer kann es schließlich egal sein, ob die coolen Sneaker aus Itzehoe oder Schongau verschickt werden. Es spielt auch keine Rolle, bei welchem Shop gekauft wird. Hauptsache, schnell und billig.

Das spielt Verbrechern natürlich in die Karten. Ein fertiger Onlineshop ist bei **Webhostern** schon für unter 5 Euro im Monat zu bekommen. Tolle Fotos lassen sich problemlos von anderen, echten Shops kopieren. Und unschlagbar günstige Preise, die massenweise Kunden anlocken, sind schnell eingetragen. Und für die Zweifler unter den Schnäppchenjägern gibt es auch gleich noch eine – natürlich erfundene – Erklärung für die billigen Preise: „Wir bauen um! Alles muss sofort raus aus unserem Lager!" Und um Zweifel an den so günstigen Preisen zu zerstreuen, verwenden sie einfache Tricks. Mit Sätzen wie „Über 10.000 zufriedene Kunden können nicht irren" oder „Seit über zehn Jahren sind wir Ihr vertrauensvoller Partner, wenn es um Mode geht" soll Vertrauen aufgebaut werden. Belegt oder nachprüfbar sind die Aussagen bei Fake Shops aber nicht.

Damit sich mit Fake Shops viel Geld ergaunern lässt, müssen die Betrüger darauf hoffen, dass möglichst viele Menschen bestellen und die Ware vorab bezahlen. Sie werben daher stark mit besonders begehrten Artikeln, die meist ein paar Hundert Euro kosten. Das ist genug, dass es sich für sie „lohnt", aber meist noch zu wenig, dass die Käufer vorher weitergehende Überprüfungen anstellen. Damit das Opfer aber gar nicht erst auf die Idee kommt nachzuforschen, wird zusätzlich der Kaufdruck erhöht. „Dieses Produkt wurde in der letzten Stunde 18-mal verkauft. Es sind noch 3 Stück vorhanden." Die Idee hinter diesem Satz ist klar. Wenn du die Ware nicht jetzt sofort kaufst, schnappt sie dir jemand anderes weg. Dann schaust du dumm in die Röhre und musst woanders mehr Geld ausgeben. Also verplempere deine Zeit nicht mit Zweifeln. Kaufe! Jetzt!

Dass sich Fake Shops lohnen, zeigt der Fall eines Münchners. Er verkaufte teure Elektroartikel, die es gar nicht gab. In nur einer Woche fielen 219 Kunden auf seine Angebote herein und überwiesen ihm insgesamt rund 100.000 Euro für nicht existierende Kaffeemaschinen. Damit war er aber nur einer von vielen. Die Zahl der Fake Shops hat sich allein in seinem Zuständigkeitsbereich zwischen 2016 und 2020 versechsfacht, berichtet das Landeskriminalamt Niedersachsen.

Vorsicht, Fake!

Es ist gar nicht so einfach, einen Fake Shop eindeutig zu erkennen. Aber es gibt ein paar Anhaltspunkte, die deine Alarmglocken schrillen lassen sollten. Besonders dann, wenn mehrere Dinge zusammenkommen.

Du findest in einem Shop genau dein Produkt zu einem einmalig günstigen Preis, den sonst mit Abstand niemand anderes anbietet? Das kann eigentlich nicht sein. Besonders dann nicht, wenn es sich um brandneue Modelle und Markenware handelt. Viele Hersteller setzen nämlich einen Mindestpreis durch und lassen den Händlern nur wenig Gewinn. Billig zu verkaufen, ist so praktisch ausgeschlossen. Und Draufzahlen, nur damit du bei ihm kaufst – das kann sich kein echter Händler leisten. Genau! Vorkasse.

Will der Onlineshop dann noch Bestellungen nur per **Vorkasse** bezahlt haben, ist es schon sehr wahrscheinlich, dass dich gerade jemand versucht abzuzocken. Aber Vorsicht: Es gibt Fake Shops, die bieten zwar auch andere, sichere Zahlungsmöglichkeiten an, tun aber nur so, als ob. Komischerweise gibt es gerade jetzt „technische Probleme", wenn man diese Option anwählt. Und dreimal darfst du raten, welche Bezahloption dann am Ende des Bestellvorgangs als einzige noch übrig ist. Genau: Vorkasse.

Jeder zweite Käufer checkt die Bewertungen und nutzt diese als Kaufentscheidung. Das wissen natürlich auch Betrüger und schreiben sich daher selbst beste Bewertungen. Wenn ein Shop ausschließlich 5-Sterne-Meinungen in einem sehr kurzen Zeitraum bekommen hat, kann das ein Hinweis auf Fälschungen sein. Es ist aber leider überhaupt nicht einfach, eine derartige Fake-Bewertung

eindeutig zu erkennen. Ich empfehle daher sogar, den Spieß umzu-
drehen und gezielt nach Bewertungen zu suchen, die wirklich echt
erscheinen. Das ist zum Beispiel dann der Fall, wenn jemand aus-
führlicher schreibt als nur „Alles Super! Bester Laden ever!" und
auch einen negativen Punkt anspricht. Bei Amazon oder Google
kann man sogar sehen, was eine Person früher schon alles bewertet
hat, und erkennt dann sehr schnell, ob da jemand bloß seinem Kumpel einen Gefallen getan hat.

Ansonsten hilft dir eine Suchmaschine beim Erkennen eines Fake
Shops. Wer in Deutschland und Europa etwas online verkaufen
möchte, der muss zum Beispiel zwingend ein Impressum haben.
Dort muss stehen, wem der Laden gehört und wo er ist. Meist findet
man den Link zum Impressum ganz klein und ganz unten auf einer
Seite. Fehlt es ganz, Finger weg! Schau dir ansonsten doch mal die
angegebene Adresse auf Google Maps an. Wenn der „günstige Lager-
verkauf" in einem Einfamilienhaus in einem Wohngebiet liegt, ist
das schon sehr komisch.

Und wenn im Impressum
eine Telefonnummer steht,
ruf doch einfach mal an! Vielleicht findest du über eine
Suchmaschine sogar eine andere Firma an der gleichen
Adresse. Niemand wird böse
reagieren, wenn du auch
dort anrufst und freundlich
fragst, ob sie den Onlineshop
im gleichen Haus kennen.

Echt jetzt?

Die meisten Fake Shops
bieten hauptsächlich Waren
an, die gerade heiß be-
gehrt und schwer zu be-
kommen sind. Während der
Corona-Pandemie waren das
hauptsächlich FFP2-Masken –
und die Playstation 5.

RECHT

Das ist Betrug!

Vom Gefängnis ins Gefängnis wegen eines Fake Shops. Wie das sein kann? Fake Shops klingen vielleicht lukrativ, sind aber längst kein Kavaliersdelikt. Denn die technisch aufwendigen Strukturen von Fake Shops haben für Juristen eine ganz einfache Übersetzung: Betrug! Wer jemand anderem etwas vortäuscht, um diesen zu einer Zahlung zu veranlassen, auf die keine Leistung folgt, macht sich strafbar. Und genau das ist bei Fake Shops der Fall: Der Verkäufer täuscht den Versand der bestellten Ware vor, der Käufer bezahlt die Ware, erhält sie aber nie. Das hat Konsequenzen: Je nach Tat sind Geldstrafen oder Gefängnisstrafen von bis zu fünf Jahren möglich. Und wer seinen Fake Shop auch noch gewerbsmäßig betreibt, sich damit also eine dauerhafte Einnahmequelle sichert, der muss sogar mit einer Gefängnisstrafe von bis zu zehn Jahren rechnen.

So erging es dann auch einem Betrüger, der in München vor Gericht saß: Nachdem er mit einem Fake Shop über Elektroartikel etwa 750 Personen betrogen und so einen Schaden von fast einer halben Million Euro erzeugt hatte, wurde er zu einer Gefängnisstrafe von 5 Jahren und 5 Monaten verurteilt. Kurios: Die Idee zu dem Fake Shop kam ihm bei seinem letzten Gefängnisaufenthalt.

Echt jetzt?

Manchmal werden Menschen gesucht, die ein Bankkonto haben, um Geld weiterzuleiten. Oft hilft man dann unwissend Betrügern – und kann wegen „leichtfertiger Geldwäsche" bis zu zwei Jahre im Gefängnis landen.

Unser Hirn im Kaufrausch

„Nur noch eins verfügbar", „Große Rabatte – nur noch heute" – warum verleiten solche Aussagen uns immer wieder zum Kauf?

„Erbeuten" und „zuschlagen", Begriffe, die in der Shoppingsprache durchaus geläufig sind, deuten schon darauf hin, dass wir hier wieder in die Steinzeit zurückreisen müssen. Denn sehr viele Prozesse, die in unserem Gehirn ablaufen, sind in unserer Evolution begründet.

Das Vorgaukeln von einer geringen Verfügbarkeit spricht unseren Jagdinstinkt an. Das wiederum setzt Prozesse in unserem Gehirn in Gang. Die **Botenstoffe** Adrenalin und Dopamin spielen hier eine entscheidende Rolle. Adrenalin bringt unseren Körper in einen aktiven Zustand, der uns risikobereiter macht. Dopamin, das im Belohnungszentrum aktiv ist, wird ausgeschüttet, weil wir unsere „Beute" schon bildlich vor Augen haben. Diese **Botenstoffe** sind vor allem in den Gehirnregionen tätig, die über Reflexe und Impulse bestimmen. Unsere Kontrollzentrale, die abwägt, ob es wirklich sein kann, dass der sonst 90 Euro teure Rucksack bei diesem Angebot für nur 10 Euro quasi verschenkt wird – ist auf Sendepause. Wenn die Beute so nah ist, müssen wir sie auch „erlegen". Es hat also nichts mit Dummheit zu tun, seinen Impulsen dann nachzugehen, es ist einfach nur menschlich. Doch man kann sein Gehirn austricksen, um vom Hormonflash runterzukommen. Ein inneres Cool-down, indem man zum Beispiel von zehn rückwärts bis eins zählt, kann Wunder wirken. Dann kannst du einen Reality-Check machen, indem du den Anbieter googelst oder das Produkt vergleichst. Wenn du dann immer noch Lust hast, 5 Tops zum Preis von 4 zu kaufen, feel free.

DIGITALES GELD

Geld wird normalerweise von einem Staat produziert und an seine Bürger ausgegeben. Der Gegenwert des Geldes liegt dabei zum Beispiel als Gold im Tresor der Zentralbank. Doch dann kam Satoshi Nakamoto, erfand einfach sein eigenes Geld und wurde so zum Milliardär. Eine geniale Idee von jemandem, der gar nicht existiert!

Digitale Währungen gibt es viele. Sie heißen Ethereum, Monero, Litecoin, Dash oder Ripple. Die bekannteste digitale Währung ist aber Bitcoin und wurde 2008 von einem gewissen Satoshi Nakamoto vorgestellt. Fast so wie Credits, Coins oder Gold in Computerspielen kann man mit Bitcoins Waren bezahlen. Allerdings nicht nur Items, sondern auch richtige Dinge, wie Schuhe, Smartphones oder Bücher.

Damit echte Geldscheine nicht gefälscht werden, werden sie mit einer eindeutigen Seriennummer gekennzeichnet und mit einem Kopierschutz versehen. Bei digitalem Geld, das man weder sehen noch anfassen kann, geht das natürlich nicht. Ein Kopierschutz ist aber umso wichtiger, denn eine digitale Kopie kann vom Original nicht unterschieden werden. Wenn ein Verkäufer aber gar nicht prüfen kann, ob er gerade mit Falschgeld bezahlt wird oder nicht, ist das ein großes Problem.

Satoshi Nakamoto hat dafür eine Lösung gefunden: die Blockchain. Das ist so etwas wie eine lange, fälschungssichere Liste. Auf ihr steht, wo, also in welchem Geldbeutel, gerade welcher Bitcoin ist. Denn: Nicht nur Bitcoins, auch die Geldbeutel (Wallets genannt) haben eine Art Seriennummer. Will jemand etwas bezahlen, wird auf der Blockchain-Liste einfach eingetragen, welche Bitcoin-Seriennummer jetzt von welchem Geldbeutel in welchen wandert. Jeder Geldübergang wird so für immer festgehalten. Würde jemand versuchen mit einem gefälschten Bitcoin zu zahlen, fiele das auf. Denn laut Blockchain wäre klar, dass exakt das Bitcoin, mit dem gerade bezahlt werden soll, eigentlich in einem anderen Wallet liegt. Jedes Wallet ist zudem mit einer Art supersicherem Passwort geschützt. Das Problem: Vergisst man dieses Passwort, kann man keines seiner Bitcoins mehr ausgeben. Die digitale Geldbörse (das Wallet) bleibt dann für immer verschlossen. Die Polizeibehörden in Deutschland haben von Verbrechern Wallets mit Bitcoins im Wert von mehreren Hundert Millionen Euro beschlagnahmt. Sie kommen nur nicht ran, solange die Täter das Passwort nicht verraten.

Bei echtem Geld wird darauf geachtet, dass nicht zu viel Geld im Umlauf ist. Denn hätte jeder mehr Geld, als er braucht, wäre es weniger wert. Damit nie zu viele Bitcoins im Umlauf sind, hat sich Satoshi Nakamoto auch etwas ausgedacht. Um einen neuen Bitcoin zu erzeugen – das nennt man „minen" –, muss eine Rechenaufgabe gelöst werden. Aber das Ganze hat einen Haken. Während die ersten Bitcoins einfach und schnell „gemined" werden konnten, benötigt man heute schon Hunderte Computer, die gleichzeitig und lange rechnen, da die Aufgaben von Mal zu Mal schwerer zu lösen sind.

Satoshi Nakamoto, der Erfinder von Bitcoin, existiert gar nicht. Jemand hat das Konzept 2008 unter falschem Namen veröffentlicht. Wer oder warum, weiß niemand. Die Person (oder Gruppe), die sich hinter Satoshi Nakamoto verbirgt, hat Bitcoins im Wert mehrerer Milliarden Dollar gemined und in Wallets liegen – und hoffentlich das Passwort nicht vergessen.

DIY-Geld

Zwischen Bitcoin sowie vielen anderen digitalen Währungen und echtem Geld gibt es noch einen weiteren Unterschied. Sie sind anonym. Glauben jedenfalls viele. Es ist zwar tatsächlich so, dass niemand weiß, wem ein Wallet, also eine Bitcoin-Geldbörse, gehört. Daher weiß niemand, keine Bank und keine Polizei, wer wen für was bezahlt. Das sorgt dafür, dass sich Kriminelle, wie Drogen- oder Waffenhändler, gerne in Bitcoin bezahlen lassen. Bitcoins haben deshalb auch einen schlechten Ruf. Aber Vorsicht. Weil die Blockchain öffentlich ist, kann jeder, eben auch die Polizei, sehen, wann wie viele Bitcoins von welchem auf welches Wallet übertragen werden. Vermutet die Polizei hinter einem Wallet kriminelle Aktivitäten, dann behält sie es im Auge. Es wird dann schwer, diese Bitcoins bei einer Bank in echtes Geld zu tauschen. Wirklich anonymes Geld sind Bitcoins letztendlich also nicht.

Die Blockchain-Idee ist übrigens eine tolle Technologie, die nicht nur für digitales Geld eingesetzt werden kann. Stell dir nur mal vor, alle Autos würden jeden Tag ihren aktuellen Kilometerstand fälschungssicher in einer Blockchain speichern. Ein betrügerischer Autoverkäufer könnte dann niemals heimlich den Tacho zurückdrehen und ein abgefahrenes Auto als „fast neu" anbieten. Als Käufer würdest du den Betrug bei einem Blick in die Blockchain-Liste sofort merken.

Wenn du selbst Bitcoins nutzen möchtest, dann brauchst du zuerst einmal eine digitale Geldbörse. Mehrere Anleitungen zum Erstellen eines solchen Wallets findest du im Internet, z. B. als YouTube-Video. Danach wechselst du bei einer Bank Euros in Bitcoins und überträgst sie dort hinein. Oder du machst dir einfach selbst welche. Um

ein Bitcoin zu „minen", muss man nur eine Rechenaufgabe lösen.
Klingt einfach? Ist es aber nicht. Denn nicht nur das Ergebnis einer
Formel muss berechnet werden. Einen Teil der Formel, die sogenannte „Nonce", muss man zudem auch noch selbst wählen. Und zwar so,
dass am Ende eine Art Quersumme des Ergebnisses („Hash" genannt)
auch noch bestimmte Merkmale aufweist. Zum Beispiel muss der
Hash mit fünf Einsen beginnen oder so was. Da ein Hash aber keinem
Muster folgt und nicht vorhersagbar ist, schafft man das nur durch
milliardenfaches Ausprobieren. Und das braucht enorm viel Rechen-
kraft, Zeit und frisst zudem noch Unmengen an Energie.

Für viele Menschen sind Bitcoin & Co. noch ein Buch mit sieben
Siegeln. Das wird sich aber bald ändern. PayPal integriert Kryp-
towährungen in seine App und schon bald wird man damit so
einfach bezahlen können wie heute mit der Kreditkarte. Unter
dem Namen „Diem" bringt der Facebook-Konzern zudem eine
weitere Kryptowährung auf den Markt. Deren zwei Milliarden
User erhalten so die Möglichkeit, untereinander Geld zu trans-
ferieren. Davon profitieren besonders Menschen in sehr armen
Ländern, die niemals ein Konto bei einer echten Bank bekämen.
Ob jedoch gerade Facebook mit all seinen Datenskandalen wirklich ein verlässlicher Partner in Sachen Geld ist, bezweifeln viele.

Echt jetzt?

In den 24 Jahren von 2008 bis 2032 werden 99 % aller Bitcoins
errechnet worden sein. Für das letzte 1 % werden dann über 100
Jahre nötig sein, weil die Rechenaufgabe immer schwerer wird.

Währung, Falschgeld, Schwarzgeld

So gut und kreativ die ganzen Ideen und ihre Umsetzungen rund um digitale Währungen sind, stellt sich für den Juristen doch schnell eine ganz entscheidende Frage: Darf man das überhaupt? Darf man einfach seine eigene Währung auf den Markt bringen? Muss man sich da nicht irgendwo eine Erlaubnis holen, um nicht gegen Gesetze zu verstoßen? Die Antwortet lautet: Es kommt darauf an!

Zunächst sollten wir einmal schauen, was überhaupt eine Währung ist. Denn nur so können wir die Frage nach der Erlaubnis besser beantworten. Im Allgemeinen versteht man unter einer Währung ein gesetzliches Zahlungsmittel eines Landes oder der Länder einer Währungsunion. Daraus, dass es sich um ein gesetzliches Zahlungsmittel handelt, folgt, dass jeder in diesem Land diese Währung akzeptieren muss. Die Währung in Deutschland und zugleich auch in der gesamten Europäischen Union, die eine Währungsunion bildet, ist der Euro. Das bedeutet, dass beispielsweise in einem Supermarkt in Deutschland oder der EU der Kassierer die Zahlung mit Euro akzeptieren muss und nicht beispielsweise einfach verlangen kann, dass der Kunde mit US-Dollar oder chinesischen Renminbi bezahlt.

Doch was bedeutet das für die Frage, ob jeder seine eigene Währung auf den Markt bringen kann? Die Deutsche Bundesbank, das ist die Zentralbank Deutschlands, hat in ihrem Gesetz festgeschrieben, dass der Euro das einzige gesetzliche Zahlungsmittel in Deutschland ist. Das bedeutet, dass nur der Euro von jedem akzeptiert werden muss. Das bedeutet aber nicht, dass andere Währungen verboten sind.

In vielen Zeitungen und Internetbeiträgen lest ihr nun, dass jeder in Deutschland problemlos seine eigenen Geldscheine drucken kann. Fraglich sei nur, ob die jemand akzeptiert. Doch diese weit verbreitete Ansicht ist leider falsch und ein grober Rechtsirrtum. Der auch unter Juristen kaum bekannte § 35 Bundesbankgesetz sagt klipp und klar, dass man bis zu fünf Jahre ins Gefängnis kommen kann, wenn man Geldscheine oder Münzen herausbringt, die den Euro ersetzen bzw. neben ihm als Zahlungsmittel dienen sollen. Ich kann also nicht einfach den Solmecke-Dollar zu Hause gestalten und auf einem Drucker drucken. Ende 2019 haben Experten übrigens darüber diskutiert, ob man mit diesem Gesetz auch digitales Geld wie Bitcoins verbieten kann. Übereinstimmend kamen die Juristen zu dem Ergebnis, dass das nicht klappt, da digitales Geld erstens keine echte Währung im Rechtssinne darstellt und zweitens eben nicht auf Scheine und Münzen gedruckt wird.

Noch länger ins Gefängnis kommt ihr übrigens, wenn ihr einen originalen 50-Euro-Schein einscannt, mit dem Laserdrucker ausdruckt und damit an der Kasse bezahlt. Dann ist das eine Geldfälschung und darauf stehen nach § 146 Strafgesetzbuch bis zu 10 Jahre Haft. Solche Geldscheine, die nicht von der Deutschen Bundesbank herausgegeben werden, sondern von Bürgern selbst gedruckt werden und aussehen wie echtes Geld, nennt man also Falschgeld. Das ist nicht zu verwechseln mit Schwarzgeld. Unter Schwarzgeld versteht man Geld, das aus einer Straftat stammt. Also beispielsweise aus Drogengeschäften erwirtschaftetes Geld.

Echt jetzt?

Es kann maximal 21 Millionen Bitcoins geben. Miner auf der ganzen Welt haben 19 Millionen davon bereits errechnet.

COMPUTERVIREN

Die erste Schadsoftware der Welt, ein sich unkontrolliert verbreitender Computerwurm, verseuchte 1971 viele Rechner. Sein Name: Creeper. Dass die Bösewichte in Minecraft auch so heißen, ist daher vielleicht kein Zufall – sondern eine Ehrung.

 Creeper (englisch für Rankpflanze) war eigentlich gar nicht als Schadprogramm geplant. Bei Experimenten, wie sich Programme selbst verbreiten können, setzte der Programmierer Bob Thomas Creeper aus Versehen frei. Das eigentlich harmlose Programm war jedoch ziemlich lästig. Erst einige Monate später gelang es Ray Tomlinson, mit Reaper (englisch für Sensenmann) ein Programm zu schreiben, das Creeper entfernt. Tomlinson ist eigentlich berühmt dafür, dass er, ebenfalls 1971, die E-Mail erfunden hat. Kaum jemand weiß, dass er mit Reaper auch das erste Anti-Virus-Programm geschrieben hat.

Als Virus auf einem Computer wird ein Schadprogramm bezeichnet, das andere Programme, den Startbereich einer Festplatte (Bootsektor) oder den Speicher eines Rechners infiziert, um sich selbst weiterzuverbreiten. Würmer hingegen verbreiten sich über Netzwerke, USB-Sticks oder per E-Mail. Dann gibt es noch Trojaner. Das sind als nützliche Anwendung getarnte Programme, die dann aber Hackern (unbemerkt) Zugriff auf den Rechner ermöglichen.

Bei den ersten wirklichen Computerviren ging es den Programmierern meist noch darum, in der Community Anerkennung zu finden. Erst 2003 tauchte mit Fizzer der erste Virus auf, mit dem der Autor Geld verdienen wollte. Seitdem hat sich das nicht mehr geändert. Praktisch jeder aktuelle Computerschädling versucht, die Taschen seiner Programmierer mit Geld zu füllen. Einige Viren stehlen nur Informationen wie Passwörter oder Firmengeheimnisse. Allerdings sind in den letzten Jahren mehr und mehr die sogenannten Ransomware-Trojaner zur größten Bedrohung für Computernutzer geworden. Sie verschlüsseln Daten, Fotos und Mails so sicher, dass man sie nur durch Zahlung von Lösegeld (auf Englisch: ransom) wieder entschlüsseln kann. Die Beträge sind happig. Von Privatpersonen werden gerne zwischen 400 und 1.000 Euro verlangt.

Eingeschleust werden Ransomware-Trojaner häufig durch E-Mails. Die Verbrecher nutzen als (vermeintlichen) Absender gerne Firmen, mit denen viele Menschen zu tun haben. Paketdienste, zum Beispiel. Da viele Menschen online einkaufen, kommt für sie eine Nachricht vom Lieferdienst nicht völlig unerwartet. Die Leute sind dann weniger vorsichtig, öffnen die Mail und klicken auch viel eher auf einen Link, um „weitere Informationen" zur (angeblich) verspäteten Lieferung zu erhalten.

Ransomware-Trojaner sind heutzutage hocheffektiv und richten enormen Schaden an. Tausende Menschen haben dadurch bereits ihre gesamte Fotosammlung von der Hochzeit über die Geburt bis zur Einschulung der Kinder verloren. Auch wenn Virenscanner einen guten Grundschutz bieten, sie können nicht alle Viren, Würmer und Trojaner erkennen. Es wäre also fatal, sich nur auf sie zu verlassen. Grundsätzlich gilt: Links und Anhänge in E-Mails nur anklicken und öffnen, wenn du zu 100 % sicher bist, dass die Mail wirklich vom angegebenen Absender kommt. Experten raten sogar dazu, telefonisch beim Absender nachzufragen, ob er oder sie wirklich eine Mail mit diesen und jenen Dateianhängen geschickt hat.

Die gekidnappten Daten

Die Polizei rät Ransomware-Opfern übrigens dazu, kein Lösegeld zu zahlen. Das ist klar, denn die Polizei darf gar nicht dazu raten, einem Verbrecher Geld für eine kriminelle Handlung zu geben. Hinter vorgehaltener Hand bestätigen einige Beamte, die sich mit Cyberkriminalität beschäftigen, jedoch das, was auch viele IT-Experten sagen: Bezahlen ist der einzige Weg, um wieder an seine Daten zu kommen. Denn: In den allermeisten Fällen werden nach der Bezahlung die Daten von den Erpressern nämlich wirklich wieder entschlüsselt. Die Intention dahinter ist klar. Würde sich herumsprechen, dass die Daten trotz Bezahlung verloren sind, würde zukünftig kein Opfer mehr bezahlen. Das wollen die Erpresser keinesfalls. Einige bieten deshalb sogar Hilfe an, wenn man sich nicht so auskennt. Sie „unterstützen" per Fernwartung bei der Bezahlung mit Bitcoins oder helfen bei der anschließenden Entschlüsselung der Daten. Trotzdem gilt: Verbrechern soll man kein Geld bezahlen. Und in einigen Ländern ist das Bezahlen von Lösegeld sogar eine Straftat.

Zu Beginn der Corona-Pandemie haben übrigens mehrere Banden, die hinter Ransomware-Attacken steckten, versprochen, sie würden keine Krankenhäuser angreifen. Das war aber eine Lüge, denn auch im Jahr 2020 wurden mehrere Kliniken verschlüsselt und „ausgeraubt". Nicht auszudenken, wenn ein schwer verletzter Patient in einem Krankenwagen einen weiteren Weg fahren muss, weil die nächstgelegene Klinik wegen eines Computervirus stillsteht.

Der beste Schutz gegen Verschlüsselungs-Trojaner ist, sie gar nicht erst zu starten. Dabei unterstützen Virenscanner, die – entgegen der Meinung vieler – auch auf Apple-Rechnern sinnvoll sind. Übrigens: Ein aktuelles Back-up hat schon viele private Ransomware-Opfer vor finanziellem Schaden oder Datenverlust gerettet. Und auch wer nicht bezahlt, hat manchmal Glück. Immer wieder gelingt es Experten, die Verschlüsselung dieser Viren zu knacken, oder die Verbrecher veröffentlichen das Entschlüsselungsprogramm. Weil das aber oft erst nach Jahren der Fall ist, sollte man seine scheinbar verlorenen Daten auf jeden Fall aufheben – sich aber nicht darauf verlassen, sie eines Tages zurückzubekommen.

Den vielleicht verrücktesten Computervirus hat aber 1989 ein Mann namens Charles Popp geschrieben. Er versuchte, Geld zu erpressen, indem er Dateinamen verschlüsselte und den Computer so unbrauchbar machte. Da es damals so etwas wie Bitcoin noch nicht gab, verlangte er ernsthaft von seinen Opfern, dass sie einen **Scheck** per Post auf die Bahamas an (s)eine Postfachadresse schicken. Auch der Verbreitungsweg des Virus selbst war seltsam. Popp verschickte seinen Computervirus per Post auf 20.000 Disketten an Wissenschaftler auf der ganzen Welt. Allein die Portokosten betrugen mehrere Tausend Dollar. Bei seiner Festnahme kam heraus, dass er vorhatte, noch eine Million Disketten mit seinem Virus per Brief zu verschicken. Popp kam in die Psychiatrie.

Echt jetzt?

Der Casino-Virus zerstörte Daten, die zum Betrieb der Festplatte notwendig waren. Bevor er die Festplatte schrottete, hatte der User aber fünf Chancen bei einem Glücksspiel. Wer drei gleiche Symbole schaffte, durfte seine Daten behalten.

Die Lücke im System

Von Virenangriffen hört man eigentlich täglich. Aber dann gibt es hin und wieder solche, die berühmt werden – so zum Beispiel die Internetwürmer „Sasser" und „Netsky", die vor einigen Jahren für viel Unruhe gesorgt haben. Insbesondere, weil der Täter noch recht jung war.

Was war passiert? Ein 19-jähriger Mann aus dem niedersächsischen Waffensen hatte die Würmer „Sasser" und „Netsky" im Frühjahr 2004 programmiert und im Internet verbreitet. Diese führten dazu, dass befallene Rechner sich immer wieder selbst starteten und nicht zu benutzen waren. Eine Katastrophe für Millionen Windows-Nutzer! Der Grund war eine Sicherheitslücke im Betriebssystem, über die sich „Sasser" verbreiten konnte, ohne dass der PC-Nutzer das Virus zum Beispiel durch Anklicken eines E-Mail-Anhangs aktivieren musste. Wer keine aktive Firewall besaß, dessen Rechner war schon nach wenigen Minuten infiziert. Eine Verbindung mit dem Internet reichte dafür aus. Abgesehen von den Systemabstürzen richtete „Sasser" jedoch keinerlei Schaden an.

Dass Microsoft das trotzdem gar nicht lustig fand, kann man sich sicher vorstellen. Das Unternehmen war sogar so erbost darüber, dass es alles daransetzte, den Täter ausfindig zu machen. Es scheute keine Kosten und Mühen und setzte sogar eine Belohnung in Höhe von 250.000 Dollar zur Ermittlung des Täters aus – mit Erfolg! Ein Mitschüler des Täters aus der Berufsfachschule für Informatik verriet den 19-Jährigen und erhielt die versprochene Summe.

Für den jungen Mann hatte das Ganze natürlich auch vor Gericht noch ein Nachspiel. Nachdem er ein umfassendes Geständnis abgelegt hatte, verurteilte ihn das Landgericht Verden zu einer Jugendstrafe von einem Jahr und neun Monaten. Die Strafe wurde zur Bewährung ausgesetzt.

Ihm hatte aber sogar eine Höchststrafe von fünf Jahren gedroht. Immerhin hatte er sich der Datenveränderung in vier Fällen und der Computersabotage in drei Fällen schuldig gemacht – kein Kavaliersdelikt! In besonders schweren Fällen kann die Strafe sogar zu bis zu zehn Jahren Freiheitsstrafe führen. Verurteilt wurde der junge Mann übrigens nur für die Taten, die ihm konkret nachgewiesen werden konnten. Hier stützte sich die Staatsanwaltschaft auf einige wenige Fälle, die sie auch hundertprozentig beweisen konnte. Für eine Verurteilung reichte das schon aus. Der Virenexperte Jürgen Schmidt sagte damals, dass man dem 19-jährigen Schüler im Grunde sogar für „Sasser" dankbar sein müsse. Denn das Internet sei seit der Behebung dieser Sicherheitslücke nun ein Stück sicherer als vor der Wurmepidemie. Klingt verrückt, ist aber so.

Echt jetzt?

Als die ersten Computerviren für Heimcomputer auftauchten, gab es noch kein Internet, um sich ein Anti-Virus-Programm herunterzuladen. Man konnte aber den Programmcode eines Virenschutzes aus einer der damals vielen Computer-Zeitschriften selbst abtippen.

ERPRESSER-E-MAILS

„Hallo, du Opfer! Ich schreibe dir, weil mein Virus deine Kamera am Computer eingeschaltet hat. Damit habe ich Fotos gemacht, als du Schmuddelvideos im Internet angesehen hast. Du Ferkel! Wenn du mir nicht 200 Euro in Bitcoin bezahlst, werde ich die peinlichen Aufnahmen von dir an alle deine Freunde schicken. Du hast 24 Stunden, um zu bezahlen. Keine Sekunde länger. Die Zeit läuft ... ab jetzt!"

So oder so ähnlich fangen E-Mails von Erpressern an. Sie sind neben Verschlüsselungs-Trojanern (s. Seite 162) eine andere Art der

Erpressung im Internet. Die Absender der Mails behaupten, dass sie Videos oder Bilder von dir haben. Peinliche Bilder. Wenn die jemand sieht, musst du vor Scham das Land verlassen.

Damit die Hacker die Fotos nicht rumzeigen, wollen sie Geld. Und zwar schnell. Du hast Zweifel, dass es stimmt, was die da schreiben? Schließlich kann das ja jeder behaupten? Nun, als Beweis, dass sie wirklich deinen Computer gehackt haben, schicken manche Verbrecher sogar deine Handynummer oder dein Passwort mit. Dein echtes Passwort natürlich. Das von dem Computer, der von ihnen gehackt wurde. Damit dürften dann alle Zweifel beseitigt sein.

Die Erpresser fordern nun, dass du schnell bezahlst. In Bitcoin natürlich oder in einer anderen anonymen Internetwährung. Du brauchst aber keine Angst zu haben. Die Polizei hat bis heute keine Hinweise darauf, dass in diesen Fällen wirklich Computer gehackt wurden. Die Betrüger schicken solche Mails gleichzeitig an Tausende Opfer.

„Bei diesen Drohmails handelt es sich um massenweise versende-te SPAM-Mails. Die beliebig ausgewählten Empfänger sollen Angst bekommen und bezahlen", sagt Kriminalhauptkommissar Hans-Joachim Henschel vom LKA Niedersachsen. Er hat schon Hunderte solcher Fälle bearbeitet.

Mit dem Prinzip der Angst und der Panikmache arbeiten übrigens auch andere Verbrecher. Sie versuchen, Computernutzer durch Pop-up-Fenster in die Irre zu führen. Meist sind es Hinweise, dass auf dem Rechner eine große Anzahl Probleme, zum Beispiel infizierte Dateien, gefunden wurden. Die Nutzer werden dann aufgefordert, ein vermeintlich helfendes Programm zu kaufen oder wenigstens herunterzuladen. Oft sind es dann sogar genau diese angeblichen Hilfsprogramme, die die eigentlich Schadsoftware sind. Das Ganze hat sogar einen Namen: **Scareware**, vom englischen „to scare", je-mandem Angst machen.

Auch wenn nicht jeder auf Pop-ups oder die Drohmails mit den angeblich pikanten Bildern hereinfällt, es gibt genügend Menschen, die Angst oder (unnötigerweise) ein schlechtes Gewissen haben – und zahlen. Tatsächlich ist aber alles in diesen Mails ge-logen. Erreicht dich so eine Mail, zahle nicht! Denn auch wenn es behauptet wird: Du bist kein Opfer von Hackern geworden.

Niemand kann dich sehen

Solche E-Mails wirken total echt. Wer sich ertappt fühlt und panisch wird, der fällt leicht darauf herein. Ganz besonders, wenn die Erpresser einem noch das eigene Passwort präsentieren. Es soll beweisen, dass der Computer tatsächlich gehackt wurde. Das ist aber nur eine Behauptung.

Meist haben sich die Absender der Drohung Tausende Passwörter im Internet oder im Darknet (s. Seite 136 ff.) besorgt. Es stammt in der Regel von einem Datenklau bei irgendeinem Webdienst, bei dem du dich registriert hast, und eben nicht direkt von deinem Computer. Bei einer Untersuchung mehrerer solcher Mails zeigte sich, dass in vielen Fällen zwar wirklich ein Passwort der erpressten Person in der Mail steht. Oftmals ist es aber gar nicht mehr das aktuelle Kennwort. Teilweise waren die Kennwörter sogar schon vor Jahren gewechselt worden. Oder es war eines, das das angeschriebene Opfer niemals auf dem angeblich gehackten PC genutzt hat. Vor lauter Panik ist das der Person aber gar nicht aufgefallen. Da wurde also irgendein Onlineshop Opfer einer Hackerattacke – nicht du!

Und wenn es wirklich das aktuelle Kennwort des eigenen Computers ist, das in der E-Mail steht? Auch dann heißt das noch lange nicht, dass der auch gehackt wurde. Viele Menschen verwenden überall die gleichen Passwörter. Das kommt den Verbrechern nun sehr entgegen. Es fällt einem dann nämlich nicht auf, dass das Passwort von woanders stammt. Experten empfehlen daher immer, ein zumindest leicht abgewandeltes Passwort pro System zu verwenden. Wie das geht, erklären wir im Kapitel „Passwörter am Computer" (s. Seite 182).

Zugriff auf deine Kamera hatte bei diesen Droh-E-Mails übrigens auch niemand. Dafür sprechen zwei Dinge. Ein Erpresser, der wirklich im Besitz von Bildern oder Videos ist, hätte ein Beispiel mitgeschickt. Das wäre ein richtiger Beweis gewesen. Warum sollte ein Erpresser die Echtheit seiner Drohung nicht untermauern? Er droht ja nicht damit, sie dir zu zeigen, sondern damit, es an deine Freunde zu schicken. Also könnte er dir problemlos etwas zeigen, ohne seine Forderung kaputtzumachen. Und dann noch etwas. Die Kamera in deinem Laptop oder an deinem PC kann auch nicht so ohne Weiteres angeschaltet werden, ohne dass das auffällige Lämpchen leuchtet. Das würde also auffallen. Kurzum: Absender solcher E-Mails haben keine unangenehmen Fotos von dir.

Und wenn du noch eine Beruhigung brauchst, dann schalte deine Kamera doch mal an. Was sieht man überhaupt von dir? Meistens nur den Kopf und die Schultern, oder? Also keine Gefahr. Willst du trotzdem auf Nummer sicher gehen? Dann kannst du die Linse deiner Kamera einfach mit einem Stück Papier zukleben. Thema erledigt!

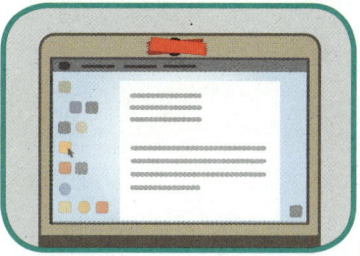

Echt jetzt?

Mark Zuckerberg, König der Datensammler und Gründer von Facebook, klebt seine Laptop-Kamera auch ab.

RECHT

Wann handelt es sich um eine Erpressung?

Dass oftmals die Mails nur ein Bluff sind, beruhigt den ein oder anderen jetzt vielleicht. Nicht beruhigt sein sollten hingegen diejenigen, die solche Erpressermails versenden. Denn unabhängig davon, ob es diese angeblichen intimen Fotos oder Videos tatsächlich gibt, stellt ein solches Verhalten eine echte Straftat dar – nämlich eine **Erpressung**.

Um eine Erpressung handelt es sich immer dann, wenn eine Person eine andere Person dazu bewegen möchte, ihr beispielsweise Geld oder einen wertvollen Gegenstand zu geben, indem sie ihn mit Gewalt oder einer anderen unangenehmen Handlung bedroht. Eine solche unangenehme Handlung ist zum Beispiel die Veröffentlichung intimer Fotos oder Videos. Auf ein solches Verhalten stehen bis zu fünf Jahre Freiheitsstrafe!

Dass mit solchen Taten nicht zu spaßen ist, musste 2019 auch ein 17-Jähriger aus Bremen am eigenen Leib erfahren. Ihm wurde vorgeworfen, in mehr als 150 Fällen Personen mit Spam-Mails erpresst zu haben. Er soll der aktuell verbreiteten Masche gefolgt sein, mit der Veröffentlichung von vermeintlichen Webcam-Videos zu drohen. In der Folge durchsuchten Ermittlungsbehörden das Zimmer des Jugendlichen in seinem Elternhaus. Dabei konnte zahlreiches EDV-Equipment sichergestellt werden, wodurch die Ermittler auf weitere vermeintliche Straftaten aufmerksam geworden sind. So soll der 17-Jährige verschiedene Server in betrügerischer Absicht angemietet haben. Diese sollen auch für den Versand der erpresserischen E-Mails missbraucht worden sein. Der Jugendliche wartet nun auf seinen Prozess ...

Angst ist kein guter Ratgeber

Wenn du Opfer so einer Erpressungsmail wirst, ist es total verständlich, dass du in Panik gerätst. Nicht wenige Personen überweisen in solchen Momenten schnell das Geld, um Schlimmeres zu vermeiden. Auch wenn wir eigentlich wissen, dass es gar nicht sein kann ... Nur warum handeln wir so? Das Gefühl, das hier dominiert, ist die Angst. Und wie im Fall der Scham (s. Seite 147) hat auch das Gefühl der Angst hier eine Funktion. Stell dir dein inneres Steinzeit-Ich vor. Gefühle wie Angst, Scham, Wut, Trauer und Ekel waren für uns früher überlebenswichtig. Sie haben uns geleitet und beschützt. Das Gefühl der Angst setzt im Gehirn Botenstoffe frei, die im Körper Prozesse in Gang setzen, um fit für Flucht und Kampf zu sein. Zum Beispiel wird der Atem schneller, damit dem Körper mehr Sauerstoff zur Verfügung steht und die Muskeln besser versorgt werden. Gehirnregionen, die uns dabei helfen, eine Situation „realistisch" einzuschätzen, abzuwägen und klug zu handeln, werden weniger versorgt. Angst signalisiert uns also „Schnell weg" und nicht „Hey, überlege doch mal in Ruhe, was hier sinnvoll wäre". Das ist das Gemeine an der Sache. Unsere Gefühle ticken noch immer ein bisschen wie in der Steinzeit. In unserem Beispiel wäre das Abwägen die bessere Lösung, doch noch heute sind wir – weit weg von der Steinzeit und bedrohlichen Säbelzahntigern – diesen Gefühlen mit all ihren Konsequenzen ausgesetzt. Der Mensch lernt jedoch mit der Zeit, seine Gefühle zu kontrollieren und einzuordnen. Die Psychologie hat da viele Tipps und Tricks, wie du es schaffen kannst, nicht sofort jedem Impuls nachzugeben. Einer davon ist ganz simpel: tiefes Ein- und Ausatmen. Klingt blöd, ist aber wirklich so.

PSYCHOLOGIE

VERSCHLÜSSELUNG

Schon vor über hundert Jahren nutzten junge, verliebte Menschen Geheimschriften auf Postkarten, weil die strengen Eltern keinesfalls erfahren durften, wann und mit wem sie sich trafen. Auch wenn die meisten Eltern mittlerweile gelassener sind, sind viele elektronische Nachrichten heute immer noch verschlüsselt. Und das ist gut so. Eine gute Verschlüsselung schützt aber nicht nur deine Privatsphäre, sie gilt sogar als Kriegswaffe.

Natürlich wird moderne Kryptografie, wie man Verschlüsselungstechnik nennt, heute von Computern gemacht. Die Grundprinzipien sind aber immer noch die gleichen wie zu der Zeit, als der Briefträger die Post noch mit dem Pferd gebracht hat. Abgesehen von der sogenannten Steganografie, bei der die Nachricht zum Beispiel durch „Zaubertinte" versteckt wird, gibt es zwei Methoden zum Schützen einer Nachricht. Man kann die Buchstaben eines Textes umstellen, was man Transposition nennt. Aus HALLO würde dann zum Beispiel ALOLH. Tauscht man die Buchstaben hingegen durch andere Zeichen aus, wird das als Substitution bezeichnet. Das Wort HALLO könnte dann z. B. so aussehen: $#&&=. Natürlich kann man auch beide Methoden anwenden, sogar mehrmals nacheinander.

Bei Verschlüsselungen muss man ein paar Dinge beachten. Der Empfänger einer Nachricht soll den Text natürlich wieder lesbar machen können. Daher muss ihm oder ihr die Methode bekannt sein, mit der eine Nachricht verschlüsselt wurde und wie man sie umkehren kann. Wurde ein Passwort oder Codewort zum Verschlüsseln verwendet, dann muss auch dieses bekannt sein. Eine Verschlüsselung gilt übrigens dann als gut und sicher, wenn sie jemand abfangen kann und ohne Kenntnis des Passworts keine Chance hat, die Nachricht herauszufinden – selbst dann nicht, wenn die Methode bekannt ist, mit der die Nachricht „umgebaut" wurde.

Auch heute werden die Daten umgestellt und vertauscht, dabei kommen mittlerweile aber hauptsächlich komplizierte mathematische Formeln zum Einsatz. Der Grund ist klar. Eine verschlüsselte Postkarte, die mit Bleistift und Papier erstellt wurde, knackt heute ein Computerprogramm in Sekundenbruchteilen. Moderne Verschlüsselung muss so sicher sein, dass selbst alle Computer auf der Welt nicht in der Lage sind, die Nachricht zu entschlüsseln – der Empfänger aber sehr wohl.

Viele Verbindungen im Internet sind heute schon verschlüsselt. Dass wir trotzdem von Werbefirmen beim Surfen im Netz ausspioniert werden, liegt daran, dass oftmals nur die Übertragung verschlüsselt wird. Auf dem Server oder im **Browser** liegen die Informationen aber offen im Speicher. Auch WhatsApp wirbt mit seiner Ende-zu-Ende-Verschlüsselung und meint damit eigentlich nur die Übertragung. Also von dem Zeitpunkt, an dem die Nachricht das Absenderhandy verlässt, und nur bis dann, wenn sie auf dem Zielhandy ankommt.

Weil eine gut gemachte Verschlüsselung wirklich nicht zu knacken ist, kann sie auch eine Gefahr darstellen. Damit sich Schurkenstaaten nicht mit verschlüsselter Kommunikation zu Anschlägen oder gar Kriegen verabreden können, unterliegen starke Verschlüsselungsprogramme seit 1995 einer **Exportbeschränkung**. Sie werden – wie Maschinengewehre – als Kriegswaffen eingestuft.

Primzahlen als Schlüssel

Zwei Menschen, die einander verschlüsselte Nachrichten schicken wollen, müssen sich erst einmal treffen, um sich auf eine Verschlüsselungsmethode zu einigen und das Passwort auszutauschen. Damit dabei wirklich niemand lauschen kann, müsste man sich eigentlich in einem absolut abhörsicheren Raum treffen. Selbst Telefonieren geht nicht, denn auch das könnte abgehört werden und dann ist die beste Verschlüsselung nutzlos. Und genau das wurde immer mehr zum Problem, je mehr Personen geschützt Informationen austauschen wollten. Gerade als mit dem Internet die E-Mail aufkam, später SMS und dann die Messenger-Dienste. Nun könnte man sich zwar noch mit seinen engen Freunden treffen und sich auf eine sichere Kommunikationsmethode einigen. Es ist aber völlig unmöglich, dass das alle Menschen machen, die E-Mails mit vertraulichem Inhalt verschicken möchten. Ganz besonders wenn der Empfänger einer Nachricht in einem weit entfernten Land sitzt. Es wäre nicht nur unsinnig, sondern auch viel zu teuer, wenn man vorher dorthin fliegen muss, um ein Passwort abzusprechen.

Gelöst haben dieses Problem ein paar Wissenschaftler. Die Amerikaner Whitfield Diffie, Martin Hellman und Ralph Merkle hatten die bahnbrechende Idee der asynchronen Verschlüsselung. Dabei wird nicht *ein Schlüssel* genutzt, um eine Nachricht zu ver- und auch wieder zu entschlüsseln, sondern *zwei unterschiedliche Schlüssel*. Stell dir eine Kiste mit einem Vorhängeschloss vor, in der eine geheime Nachricht übertragen wird. Einer der zwei Schlüssel soll die Kiste nur absperren können, also die Nachricht nur verschlüsseln. Der andere Schlüssel hingegen darf als einziger die Kiste aufsperren können, also die Nachricht entschlüsseln. Wenn man den Schlüssel zum Aufsperren – privater Schlüssel genannt – geheim halten würde, kann kein Fremder die Nachricht lesen. Den anderen Schlüssel zum Zusperren kann man aber problemlos überall verteilen. Er könnte sogar auf einer Webseite veröffentlicht werden und von allen genutzt werden, die einem eine geschützte Nachricht schicken möchten. Schließlich kann man damit nur ver-, aber nichts entschlüsseln. Einziges Problem: Die drei Wissenschaftler fanden keine mathematische Formel, mit der das auch auf Computern funktioniert. Das schafften 1975 Ron Rivest, Adi Shamir und Leonard Adleman. Sie merkten, dass es praktisch unmöglich ist herauszufinden, welche beiden **Primzahlen** miteinander multipliziert wurden, wenn man nur das Ergebnis kennt. Die zwei Primzahlen behält man dann als privaten Schlüssel für sich. Ihr Produkt hingegen kann man als öffentlichen Schlüssel überall verteilen. Einzige Voraussetzung: Die Primzahlen müssen sehr, sehr groß sein.

Heute werden täglich Milliarden Nachrichten und Dokumente elektronisch und vor neugierigen Augen geschützt verschickt. Und auch wenn nicht überall supergeheime Sachen drinstehen, so sind viele Informationen zumindest vertraulich. Man will einfach nicht, dass jeder alles von uns erfährt oder über uns weiß. Das kann ein Preisangebot sein, von dem der Konkurrent nichts wissen darf. Oder eine Bewerbung für einen Job, obwohl man noch woanders arbeitet. Aber auch der Plausch mit der besten Freundin, in dem man über den hässlichen Eiterpickel stöhnt, der einem am Bauch wächst. Davon muss ja nicht gleich der ganze Freundeskreis wissen. Zudem ist Verschlüsselung auch noch aus anderen Gründen sinnvoll. Man kann Daten vor dem Zugriff von Personen schützen, die sich unerlaubt Zugriff auf den Computer verschafft haben. Egal, ob böse Hacker oder staatliche Stellen.

Politiker und Behörden, die sich um die Sicherheit in unserem Land kümmern, wünschen sich jedoch eine Art „Hintertür" zu verschlüsselten Nachrichten. Sie würden gerne mitlesen, wenn Verbrecher eine Straftat planen, um diese zu verhindern. Dieser Wunsch ist zwar verständlich und nachvollziehbar, so ein „Zweitschlüssel" birgt aber auch Gefahren, denn die Hintertür wäre ja nicht nur in Nachrichten von den Bösen, sondern in allen Nachrichten. Durch die Wahl eines neuen Präsidenten können sich die Freiheitsverhältnisse in einem Land ändern. Menschen, die heute nichts falsch machen, könnten dann aus politischen Gründen verfolgt und ausspioniert werden. Das Argument „Wer sich nichts zuschulden kommen lässt, hat auch nichts zu befürchten" zählt daher nicht. Denn auch wenn die meisten von uns gute Menschen sind und nichts zu verbergen haben: Verschlüsselung ist notwendig, damit wir im Internet und bei elektronischen Nachrichten Geheimnisse haben können. Und das ist nicht nur wichtig, das ist sogar unser Recht. Wir sollten also aufpassen, dass uns das nicht genommen wird, nur weil dadurch ein paar dunkle Gestalten unerkannt bleiben. Alkohol wird ja auch nicht komplett verboten, obwohl ein paar besoffene Autofahrer jedes Jahr Menschen verletzen oder gar töten.

Echt jetzt?

Julius Cäsar verwendete Verschlüsselung schon im alten Rom. Wurde eine Depesche vom Feind abgefangen, war die Nachricht sicherer als das Leben des Boten.

Datensicherheit ist ein Grundrecht

Verschlüsselung dient bekanntlich dazu, Daten vor dem Zugriff Fremder zu schützen. Aber habe ich auch ein Recht darauf? Intuitiv wirst du die Frage jetzt wahrscheinlich mit „ja" beantworten. Aber warum? Weil das ein in unserer Verfassung verankertes Grundrecht ist. Denn die Verschlüsselung schützt unser Recht auf informationelle Selbstbestimmung. Das wiederum ist Teil des Persönlichkeitsrechts. Dadurch kann jeder selbst über die Preisgabe und Verwendung seiner Informationen bestimmen. Dieses Recht schützt uns damit in erster Linie vor dem Staat. Denn Grundrechte sind Abwehrrechte des Bürgers gegen den Staat. Sie wirken sich aber auch auf das Verhältnis der Bürger untereinander aus. Denn wenn sich jemand unbefugt Zugang zu deinen Daten verschafft, macht er oder sie sich des Ausspähens von Daten strafbar. Dabei ist es gar nicht erforderlich, sich die Daten anzusehen, herunterzuladen oder zu nutzen. Bestraft wird auch schon das bloße Hacking, also das Knacken eines Computersystems ohne Ausspähung von Daten. Die Konsequenz: Geldstrafe oder Freiheitsstrafe von bis zu drei Jahren.

Eine Ausnahme von diesem Schutz gibt es jedoch schon. Nämlich dann, wenn jemand eine Straftat plant oder begeht. In diesen Fällen sieht das Gesetz vor, dass die Polizei Mobiltelefone abhören oder WhatsApp-Nachrichten lesen darf, was jedoch gar nicht so einfach geht. Apple beispielsweise hat den Polizeibehörden bisher jegliche Hilfe verweigert, um Daten aus gesperrten iPhones auszulesen. Sie möchten die Privatsphäre ihrer Kunden schützen, selbst dann, wenn diese Verbrecher sind.

VPN

Kommunikation im Internet ist ein bisschen wie auf dem Schulhof. Jeder kann jedem etwas zurufen. Aber wenn andere ihre Ohren aufsperren, hören sie eben auch, was man da ruft. Ein VPN ist so was wie ein Dosentelefon, das man durch den Schulhof spannt. Nun können zwei Leute Dinge miteinander besprechen, die die anderen nicht mitbekommen. Das funktioniert sogar so gut, dass mehr als 30 Länder die Nutzung von VPNs beim Surfen im Internet verbieten oder verhindern.

Die Abkürzung VPN steht für Virtual Private Network, also virtuelles privates Netzwerk. Einfach gesagt, ist ein VPN eine Art Tunnel, der zwischen deinen Rechner und das Internet geklemmt wird. So wie die Schnur bei einem Dosentelefon. Alle Daten in dem Tunnel sind extrem gut verschlüsselt und niemand kann hineinschauen und sieht somit auch nicht, was du im Internet machst. Das schützt vor neugierigen Augen im öffentlichen WLAN eines Cafés oder am Flughafen. Ohne VPN könnte ein Hacker, der sich im gleichen Netz befindet, sehen, welche Webseiten du aufrufst oder dass du eine E-Mail schickst. Mit VPN sieht der Angreifer nur, dass da irgendjemand ist und irgendwas im Internet macht. Wer du bist und was du machst, sieht er nicht. Das gilt übrigens nicht nur für Hacker im gleichen Netzwerk. Das gilt auch für eine mögliche Überwachung durch staatliche Stellen, wie die Polizei oder einen Geheimdienst.

Und genau das ist auch ein Problem. Wenn man sich einfach ein VPN-Programm herunterladen und installieren kann, um unerkannt im Internet unterwegs zu sein, zieht dies natürlich auch böse Menschen an. Werden Drohungen, Belästigungen oder Beleidigungen anonym über ein VPN-Netzwerk verschickt, ist es praktisch aussichtslos, den Computer zu ermitteln, von dem diese gesendet wurden. Etwa 30 Länder auf der Welt verhindern daher die Nutzung von Verschlüsselung durch VPNs im Internet. Die meisten dieser Länder sind Staaten ohne freie Wahlen und ohne echte **Demokratie**, wie z. B. Nordkorea, Saudi-Arabien oder der Iran. Ihre Herrscher haben Angst, dass die Einwohner an freie Nachrichten gelangen oder sich für Proteste organisieren könnten.

VPN-Dienste gibt es übrigens nicht nur für Privatpersonen. Viele Firmen betreiben eigene VPN-Tunnel, um ihre Mitarbeiter auf Reisen an das Firmennetz anzubinden. Als durch die Corona-Pandemie plötzlich viele Menschen von zu Hause arbeiten mussten, haben einige erstmals VPNs genutzt. Das Ende des „Dosentelefons" war dann nicht im offenen Internet, sondern im Firmennetzwerk. Die Mitarbeiter konnten so von zu Hause auf Netzlaufwerke und den Drucker im Büro zugreifen, selbst wenn sie noch im Pyjama zu Hause saßen.

Obwohl China das Land mit der strengsten und schärfsten **Zensur** des Internets ist, sind VPNs dort seltsamerweise nicht verboten. Man darf jedoch nur solche VPNs nutzen, die der Staat erlaubt hat. Es ist deshalb davon auszugehen, dass all diese genehmigten VPN-Programme eine „Hintertür" eingebaut haben, damit die Behörden eben doch mitlesen können. Das ist in etwa so, wie wenn man Fahrradschlösser nur in einem Geschäft für Gebrauchträder kaufen darf, der Verkäufer einen Zweitschlüssel behält und dann noch fragt, wo du nachts dein Rad parkst. Merkste selber, ne?

Die Fahrkarte zum anonymen Surfen

Neben der sicheren Verschlüsselung sorgt ein VPN dafür, dass du anonym(er) surfen kannst. Jedes Gerät, mit dem man im Internet unterwegs ist, hat eine sogenannte IP-Adresse. Das ist so etwas wie eine Fahrkarte für das Netz. IP-Adressen sind immer eindeutig, es gibt also auch niemals die gleiche Adresse zweimal im Netz. Da die Internetanbieter wissen, welcher ihrer Kunden wann mit welcher IP-Adresse gesurft hat, ist man im Netz nicht anonym. Nutzt du ein VPN, surfst du mit der IP-Adresse des VPN-Anbieters. Und die nutzt nicht nur du allein, sondern alle anderen Nutzer dieses VPN auch.

Aber noch aus einem anderen Grund lohnt sich für dich der Einsatz eines VPN. Du kannst dir nämlich aussuchen, in welchem Land dein „Dosentelefon" endet. Wenn du zum Beispiel bei einem großen Streamingdienst wie Netflix, Disney+, Amazon Prime oder Apple TV+ einen Account hast, kannst du dem Dienst vorgaukeln, dass du gerade in Australien, den USA oder Italien bist. So kannst du auch von zu Hause Sendungen abrufen, für die der Streaming-Anbieter in deinem Land gar keine Lizenz hat. VPN starten, Tunnelende in den USA auswählen und schon kannst du den Film abrufen. Der Streaming-Dienst sieht, dass der Abruf von einer amerikanischen IP-Adresse erfolgt. Dass das nur das Ende deines VPN-Tunnels ist, ist erst einmal nicht ersichtlich.

Die Tücken des Tunnels

Gerade hast du über die Umgehung von Ländersperren mittels VPN gelesen. Vielleicht kommt dir das auch bekannt vor. Denn nicht wenige schauen Serien und Videos bei bekannten Streaming-Anbietern über die US-amerikanischen Seiten. Denn dort ist häufig das Angebot größer oder die neue Staffel der Lieblingsserie erscheint dort früher als bei dir. Im Sinne des Erfinders ist die Umgehung dieses sogenannten Geoblockings nicht, aber ist es deshalb auch illegal?

Ist es nicht. Es ist legal, zumindest stellt es keine Straftat dar. Aber möglicherweise verstößt es gegen die Bestimmung des Online-Dienstes. Denn Netflix beispielsweise hat in seinen Nutzungsbedingungen geregelt, dass Inhalte der Plattform nur in dem Land oder den geografischen Regionen genutzt werden können, in denen auch die jeweiligen Inhalte lizenziert sind. Ein klares Verbot kann man daraus nicht ableiten. Aber wird der Dienst auf die Nutzung eines VPN aufmerksam, erscheint eine Fehlermeldung und der Aufruf der Seite wird verhindert. Klingt erst mal unspektakulär. Theoretisch möglich sind aber weitere Konsequenzen bis hin zur Kündigung des Accounts.

Wer vor ein paar Jahren in seinem Frankreichurlaub deutsche Inhalte sehen wollte, stand ebenfalls vor der digitalen Ländergrenze. Irgendwie ungerecht ist es ja schon, dass man je nach Land unterschiedliche Inhalte zu sehen bekommt. Das dachte sich auch der europäische Gesetzgeber und hat deshalb zumindest für die EU seit 2018 ein Geoblocking-Verbot in Kraft treten lassen. Im Urlaub innerhalb Europas muss also keiner mehr auf Inhalte seines jeweiligen Abos verzichten.

PASSWÖRTER AM COMPUTER

Warnung! Dies ist mit Abstand das langweiligste Kapitel in diesem Buch! Es hilft dir aber zumindest dabei, dass du dir ein sicheres Passwort wie D1mAdlKidB! merken kannst. Wetten?

Dass man seinen Computer oder Laptop durch ein Passwort vor dem Zugriff von Unbefugten schützen soll, ist klar. Es spielt dabei auch keine Rolle, ob es sich um „Mitbenutzer" aus der eigenen Familie handelt oder um „Hacker". Deine Daten gehören schließlich dir.

 Die meisten Computersysteme oder Internetdienste verlangen Passwörter und schreiben uns auch vor, wie diese auszusehen haben. Zumindest grob. Meistens werden eine Mindestlänge und die Nutzung mehrerer verschiedener Zeichentypen verlangt. Also Groß- und Kleinschreibung, Ziffern und Sonderzeichen. Tatsächlich gelten Passwörter wie D1mAdlK1dB! als weitgehend sicher und gut. Viele Nutzer haben nur das Problem, dass sie sich diese schlecht merken können. Experten raten deshalb zu einer Eselsbrücke. Das Passwort kann man aus den Anfangsbuchstaben eines Satzes bilden. D1mAdlKidB! sind zum Beispiel die Anfangsbuchstaben des ersten Satzes dieses Kapitels. Lediglich der Buchstabe i wurde einmal durch die Ziffer 1 ersetzt. Das i und die 1 sehen sich ähnlich und so kann man die vom System vorgeschriebene Ziffer einfügen.

Den größten Fehler, den Computernutzer bei Passwörtern machen, ist, dass sie an mehreren Systemen die gleichen Kennwörter verwenden. Das ist deshalb fatal, weil ein Angreifer sofort Zugriff auf mehrere Systeme bekommt, wenn ihm ein einziges Passwort in die Hände fällt. Daher sollte man seine Kennwörter unauffällig abwandeln, indem man irgendwo z. B. den ersten (oder letzten) Buchstaben des Systems einfügt, für welches das Passwort benutzt werden soll. Ein *t* für Twitter in D1mAtdlKidB! oder ein *m* für Mail in D1mA*m*dlKidB!.

Viele Experten halten eine andere Methode für besser. Sie schlagen vor, dass man kein Passwort, sondern Passwörter als Wortschlange nutzt. Anstelle D1mAmdlKidB! sollte auch PersonFrauMannKameraFernseher erlaubt sein. Das hat zwar keine Ziffern oder Sonderzeichen, ist aber mit 29 Zeichen deutlich länger und daher schwerer zu knacken. Man muss zudem wahrlich kein Genie sein, um sich diese fünf Wörter zu merken. Einziger Nachteil: Viele Systeme akzeptieren solche Kennwörter (noch) nicht.

Eine sehr gute Methode, den Zugang zu Systemen zu schützen, ist 2FA. Das steht für 2-Faktor-Authentisierung und bedeutet, dass es zusätzlich zum Kennwort noch etwas Zweites braucht, um Zugang zum Account oder dem Computer zu erhalten. Dieses zweite Etwas kann ein Code in einer SMS sein. Oder eine Chipkarte, die man zusätzlich in einen Kartenleser steckt. Ein Hacker kann dann mit einem gehackten Passwort nichts anfangen. Er bräuchte auch noch das Handy zum Empfangen der SMS oder die Chipkarte. 2FA gilt als ausgesprochen sicher und sollte – wo angeboten – aktiviert werden. Einige Firmen verlangen sogar für den Rest des Tages kein Passwort mehr, wenn man sich morgens per 2FA eingeloggt hat.

Es spricht übrigens auch nichts dagegen, seine privaten Passwörter auf einen Zettel zu schreiben und an sicherer Stelle zu Hause aufzubewahren.

Hilfe für gute Passwörter

Dass man hin und wieder seine Passwörter ändern soll, ist klar. Die Technik schreitet schließlich voran und wo früher achtstellige Kennwörter ausreichten, empfehlen Experten heute eher zehn bis zwölf Stellen. Nur wie oft man sein Passwort ändern soll, darüber streiten sich die Experten. Die meisten plädieren dafür, dass man sein Kennwort nicht zu oft ändern *muss*. Für private E-Mail, Onlineshops und soziale Netzwerke ist alle ein, zwei Jahre ein neues, gutes Passwort meistens ausreichend. Außer man erfährt von einem Datendiebstahl. Dann sollte man schleunigst alle seine Kennwörter ändern. Aber das ist eigentlich logisch.

Um ein sicheres Passwort zu erzeugen, muss man sich nicht unbedingt jedes Mal selbst eines ausdenken. Mittlerweile gibt es auch Apps, die einem dabei helfen. Sie funktionieren wie eine Art Tresor. In ihnen kann man alle seine Passwörter eintragen und sicher verschlüsselt speichern. Da man diese aus der Tresor-App nur in die Anmeldeseite reinkopieren muss, muss man sich dann eigentlich nur noch ein einziges Kennwort merken. Nämlich das für den Tresor. Wichtig ist nur, dass man dafür ein vernünftiges Hauptpasswort nutzt. Also nicht unbedingt den Namen deines Hundes. Außer natürlich, der heißt K3j*p%5SkwZ#f.

Passwort für WLAN

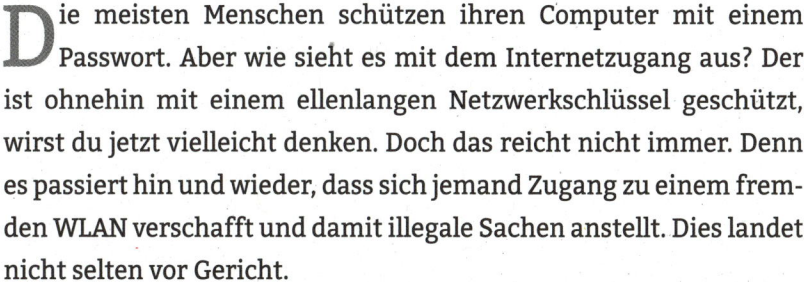

Die meisten Menschen schützen ihren Computer mit einem Passwort. Aber wie sieht es mit dem Internetzugang aus? Der ist ohnehin mit einem ellenlangen Netzwerkschlüssel geschützt, wirst du jetzt vielleicht denken. Doch das reicht nicht immer. Denn es passiert hin und wieder, dass sich jemand Zugang zu einem fremden WLAN verschafft und damit illegale Sachen anstellt. Dies landet nicht selten vor Gericht.

So hat sich im Jahr 2012 jemand in ein fremdes WLAN eingewählt und von dort aus illegal über eine Filesharing-Plattform den Film „The Expendables 2" heruntergeladen. Der Inhaber des Internetanschlusses hat dann über die Rückverfolgung der IP-Adresse Abmahnungen bekommen, obwohl er gar nichts getan hat. Verschlüsselt war sein WLAN auch mit dem vom Hersteller voreingestellten Passwort, deshalb wollte er auch nicht die in der Abmahnung geforderte Summe bezahlen. Das Ganze landete dann vor Gericht. Der Rechteinhaber des Filmes argumentierte, dass der Inhaber des Internetanschlusses das WLAN-Passwort gleich zu Anfang hätte ändern müssen. Musste er nicht, entschied das Gericht und lehnte eine Haftung ab. Später stellte sich dann heraus, dass bei dem Routertyp eine Sicherheitslücke bestand und es deshalb zu dem Vorfall kommen konnte.

Echt jetzt?

Auch wenn jemand das viel zu schwache Passwort deines eBay-Accounts knackt, haftest du nicht für von dem Hacker getätigte Käufe. Denn mit dir ist schließlich kein Vertrag zustande gekommen.

HANDY-PIN

Eine gute PIN auf dem Handy schützt nicht nur vor Datendieben. Ein gesperrtes Gerät lässt sich auch nicht so ohne Weiteres zurücksetzen, weshalb Diebe es nicht verkaufen können. Daher ist eine gute PIN auch so was wie eine Diebstahlsicherung.

Zum Schutz von Handys gibt es verschiedene Methoden, die sich in Komfort und Sicherheit unterscheiden. Daher ist es nicht egal, welchen Zugangsschutz für sein Handy man wählt. Dass man überhaupt einen hat, ist aber wichtig. Eine PIN ist eine Zahlenfolge von meistens vier Stellen. Die Eingabe ist simpel und da es nur die Ziffern 0 bis 9 gibt, lassen sich auch die Tasten auf dem Display gut treffen. Selbst längere PINs lassen sich mit Tricks gut merken. Wer die Buchstaben unter den Ziffern nutzt, kann die PIN 749928294 durch Tippen von PIZZATAXI eingeben.

Beim Wischmuster müssen mindestens vier Punkte in einem Raster von neun Punkten miteinander verbunden werden, um das Handy zu entsperren. Dies erlaubt sehr viele unterschiedliche und komplexe Muster. Nach dem Entsperren sollte man über das Displayglas wischen, da sonst die Wischspuren des Fingers zu sehen sein können. Hat man sein Wischmuster vergessen, gibt es normalerweise eine Ersatz-PIN. Da man die aber praktisch nie eingeben muss, wird sie oft vergessen. Die Ersatz-PIN sollte man daher aufschreiben und zu Hause in die Schreibtischschublade legen. Wischmuster sind auf iPhones nicht verfügbar.

Seit ein paar Jahren werden auch biometrische (s. Seite 198 ff.) Methoden angeboten, um das Smartphone zu entsperren. Nur wenige Geräte bieten den Iris-Scan an. Dabei filmt man mit der Selfie-

Kamera das eigene Auge ganz nah ab, was in dunklen Räumen kaum funktioniert. Da die Methode zudem umständlich und unsicher ist, wird sie von aktuellen Handys kaum noch unterstützt.

Selbst Mittelklassehandys bieten heute eine bequeme Entsperrung per Fingerabdruck an. Die Sensoren sind dabei z. B. im Home-Button oder auf der Rückseite angebracht. Es gibt verschiedene Technologien, mit denen der Fingerabdruck überprüft werden kann, wie optische Scanner, ähnlich einer Kamera, und Ultraschallsensoren. Thermische Scanner messen den Temperaturunterschied und kapazitive Scanner die elektrische Leitfähigkeit zwischen den Fingerrillen.

Eine der modernsten Methoden zum Schutz der Daten auf dem Handy vor unbefugtem Zugriff ist die Gesichtserkennung. Die Sicherheit hängt davon ab, wie das Gesicht erfasst wird. Einfache Kameras erlauben nur eine Messung des Augenabstands, der Nasendicke und ähnlicher Faktoren. Sie funktionieren nur bei gutem Licht und sind leicht durch Fotos zu überlisten. Daher gelten sie als unsicher. 3-D-Scanner tasten das Gesicht z. B. mit Laser ab. Das funktioniert auch bei vollständiger Dunkelheit. Bärte und Sonnenbrillen stören die Erfassung normalerweise nicht und die Fehlerrate ist gering. Ein längeres Passwort, das aus Buchstaben und Ziffern besteht, ist zwar noch sicherer. Allerdings ist die Eingabe auf der Handytastatur unkomfortabel und nervig. Diese Methode wird deshalb selten genutzt. Fingerabdruck- und Gesichtserkennung sind aktuell am besten geeignet, um das Handy eines Normalbürgers vor unbefugtem Zugriff zu schützen. Sie bieten die beste Balance von ausreichender Sicherheit und hohem Komfort für schnelles und einfaches Entsperren.

TECHNIK

Omas Geburtstag ist sicherer als deiner

Bei vierstelligen Geräte-PINs gibt es nur 10.000 Möglichkeiten (0000 bis 9999). Bei sechs Stellen sind es schon eine Million. Leicht zu erratende Zahlenkombinationen wie 1234, 2222, 2580 oder das eigene Geburtsdatum sollten unbedingt vermieden werden. Sicherheitsexperten raten zudem dringend zu einer mindestens sechsstelligen PIN. Um sich die zu merken, kann man ja heimlich das Geburtsdatum von jemand anderem nehmen, von der Oma zum Beispiel. Wer dann noch jede Ziffer um eins erhöht, macht es noch schwieriger für Hacker – und vergisst die PIN trotzdem nicht.

Es gibt 389.112 Wischmuster-Varianten. Aber nur rechnerisch! Denn viele dieser Muster kann man gar nicht wischen. Wie soll man mit dem Finger vom Punkt links oben direkt zum Punkt rechts unten kommen, ohne den Mittelpunkt zu treffen? Auch zwei Mal den gleichen Punkt hintereinander ansteuern geht nicht. Wischmuster sind daher ähnlich (un)sicher wie einfache PINs. Besonders, weil eine Studie gezeigt hat, dass wir gerne Muster nutzen, die einfach mit dem Daumen zu wischen sind. Ein Wischmuster, das dem Z oder L ähnelt, ist deshalb so einfach zu erraten wie die PIN 1234.

Echt jetzt?

Jeder Vierte würde seiner Mutter seine Handy-PIN anvertrauen. Aber nur die Hälfte davon würde sie auch seinem Vater sagen.

Auch Kinder haben Rechte

A uch wenn viele vielleicht kein Problem damit haben, ihren Eltern die eigene Handy-PIN anzuvertrauen, wird es sicher auch
Jugendliche geben, die das nicht wollen. Dieser berechtigte Wunsch
nach Privatsphäre wird in manchen Familien auf das Kontrollbe-
dürfnis der Eltern stoßen und für Streit sorgen. Da fragt man sich
schon: Müssen Kinder das? Dürfen Eltern verlangen, Zugang zum
Handy ihres Kindes zu haben? Diese Frage lässt sich nicht ohne Weiteres mit Ja oder Nein beantworten.

Klar ist, dass Kinder genauso wie Erwachsene einen Anspruch auf
Schutz und auf Wahrung ihrer Privatsphäre haben. Dies ergibt sich
aus der UN-Kinderrechtskonvention und gilt auch beim Umgang mit
einem Handy. Aber auch Eltern haben Rechte: Nämlich das Recht,
ihre Kinder zu erziehen. Diese Rechte kollidieren. Die Konsequenz
daraus ist, dass Eltern die Privatsphäre verletzen dürfen, wenn sie
sich Sorgen um das Kindeswohl machen. Dabei spielt auch das Alter
des Kindes eine entscheidende Rolle. Je jünger die Kinder sind, umso
mehr Kontrolle der Eltern kann notwendig sein. Dazu kann dann
auch die Handy-PIN gehören. Außerdem sind Eltern berechtigt zu
wissen, welche Apps ihr Kind benutzt oder mit wem sie im Kontakt
stehen. Gerade mit Blick auf Themen wie Cybermobbing oder digitale **Erpressung** ist die Vorsicht der Eltern durchaus berechtigt. Ein
No-Go ist aber das heimliche Durchschnüffeln des Handys der Kinder oder das Lesen von WhatsApp-Nachrichten. Übertreiben es Eltern mit ihren „Sorgen" beim Thema Handynutzung, dann können
Kinder ihre Eltern theoretisch sogar verklagen. Bekannt geworden
ist so ein Fall aber noch nicht.

PASSWORTKNACKEN

Im Kino sieht Passwortknacken immer so einfach aus. Tipp, tipp, tipp auf der Tastatur, blinkender Buchstabensalat auf dem Display und fünf Sekunden später ist man drin. Natürlich ist das total falsch dargestellt. Passwortknacken geht noch viel einfacher.

Um zu verstehen, wie man Passwörter knacken kann, müssen wir erst einmal verstehen, wie Passwörter überhaupt funktionieren. Von Anfang bis Ende. Nehmen wir also an, du registrierst dich neu bei irgendeiner Webseite. Nachdem du dir einen Usernamen ausgesucht hast, wirst du nach einem Passwort gefragt. Wenn du eines gewählt hast, wird dieses Passwort zusammen mit deinem Benutzernamen in einer Datenbank abgespeichert. Dazu später mehr. Möchtest du dich dann zu einem späteren Zeitpunkt bei der Webseite anmelden, wirst du nach Benutzernamen und Passwort gefragt. Du tippst beides ein und klickst auf den Einloggen-Button. Von der Webseite werden nun beide Werte an einen Server übertragen. Der sucht in der Datenbank nach dem Benutzernamen und überprüft, ob das dazu gespeicherte Passwort exakt das gleiche ist, das du eingetippt hast. Stimmt es überein, bist du eingeloggt. Stimmt es nicht überein, kommt eine Fehlermeldung. Viele Systeme sperren den Benutzer auch, wenn mehrmals hintereinander ein falsches Kennwort eingetippt wurde.

So weit, so gut. Nur wie kommt ein Hacker jetzt an das Passwort? Da gibt es mehrere Möglichkeiten. Die vermutlich einfachste ist, dich einfach danach zu fragen und zu hoffen, dass du so doof bist, es dem Hacker zu sagen. Natürlich würde das niemand tun, daher schicken die Hacker gefälschte E-Mails. Aufgrund einer Datenüberprüfung soll man sein Passwort neu eingeben oder einen ähnlichen Unsinn. Dieses Vorgehen nennt man Phishing (s. Seite 58 ff.) und leider fallen ziemlich viele auf diese Masche rein. Die zweite Methode ist, dass ein Computervirus (s. Seite 162 f.) deine Tastatur überwacht und alle Eingaben an den Hacker schickt.

Eine weitere Möglichkeit ist, das Passwort zu raten und einfach mehrere nacheinander auszuprobieren. Das geht natürlich nur, wenn der Zugang nach mehreren Fehlversuchen nicht vom System gesperrt wird. Beim Ausprobieren von Passwörtern gibt es mehrere Möglichkeiten. Zuerst würde man wohl die Wörter ausprobieren, die viele Leute als Passwort verwenden. Das Geburtsdatum oder den Namen von Vater, Mutter, Kind, Bruder, Schwester, Hund, Katze, Maus. Dann werden jedes Jahr Listen mit den Top Ten der am häufigsten genutzten Passwörter veröffentlicht. Seit Jahren ganz oben auf der Liste: 123456, passwort oder iloveyou. Was liegt also näher, als diese auch mal auszuprobieren. Und dann? Nun ja, dann lädt man sich Wortlisten aus dem Internet herunter. Das sind Listen mit Tausenden Wörtern. Wie bei einem Wörterbuch, weshalb man das Wörterbuchattacke nennt. Nacheinander probieren Angreifer die Wörter aus und hoffen, dass eines davon das Passwort ist. Aber natürlich tippt niemand Tausende Wörter ein. Das wird automatisiert. Spezielle Programme probieren die Wörter sogar in verschiedenen Schreibweisen durch. Statt passwort zum Beispiel auch Passwort, Pa$$wort, Passw0rt und so weiter. Und wenn all das nichts hilft, nun ja, dann muss man halt die Brute-Force Methode anwenden. Mit ihr knackt man garantiert jedes Passwort. Allerdings hat die Sache einen Haken.

TECHNIK

Und bist du nicht willig, so brauch ich Gewalt

Passwörter sollten und werden normalerweise nicht so gespeichert, wie wir sie eintippen. Wenn sie im Klartext in der Datenbank stehen würden, dann wäre das fatal. Schließlich könnte es passieren, dass es einem Hacker gelingt, die ganze Datenbank mit allen Passwörtern zu stehlen. Das kommt zwar nicht oft vor, wirklich selten aber auch nicht. Deshalb werden die Kennwörter codiert, bevor sie in der Datenbank landen. Codiert bedeutet, dass aus dem eingetippten Passwort ein Buchstaben-Ziffern-Salat berechnet wird, den man Hash (sprich: Häsch) nennt. Es gibt verschiedene Formeln, um ein Passwort in einen Hash umzubauen. Sie heißen z. B. md5, SHA-1 oder Whirlpool. Der md5-Hash-Wert für Pa$$wort sieht so aus: e286de7d1e686372f99d526cb56475c6. Aber ... wenn man nur Hash-Werte speichert und eben nicht das Passwort, wie kann man prüfen, ob bei einem späteren Login das richtige Kennwort eingetippt wurde? Ganz einfach. Das System schickt das eingetippte Wort durch die gleiche Formel und berechnet davon den Hash-Wert. Stimmt dieser mit dem Eintrag in der Datenbank überein, dann war es richtig. So überprüft man Passwörter, ohne sie zu kennen.

Die Berechnung eines Hash-Wertes läuft immer über eine Einbahnstraßenformel. Es ist also nur möglich, aus einem Passwort einen Hash zu berechnen. Niemals kann man aber aus einem Hash-Wert das Klartext-Passwort zurückrechnen. Das ist wichtig. Denn wenn ein Hacker eine Datenbank mit Tausenden Hash-Werten klauen konnte, kann er damit nichts anfangen, weil er die Originalpasswörter nicht kennt und auch nicht errechnen kann.

Es gibt aber trotzdem eine Möglichkeit, an die Passwörter heran-
zukommen. Der Hacker kann einfach alle Passwörter, die er ausprobieren möchte, selbst in Hash-Werte umrechnen. Die Top Ten Passwörter und natürlich auch alle Begriffe aus der Wörterbuchattacke.
Steht das Ergebnis, also der Hash-Wert, in der geklauten Datenbank,
dann hat der Angreifer ein Passwort gefunden. Bei dieser Technik
wird auch kein Zugang nach drei Fehlversuchen gesperrt, denn die
Überprüfung läuft ja nicht gegen das laufende System.

Natürlich werden auf diese Art und Weise keinesfalls alle Passwörter geknackt, denn vermutlich haben niemals alle Benutzer
ein Passwort, das in einem Wörterbuch vorkommt. Die letzte und
ultimative Möglichkeit ist daher die Brute-Force-Attacke. Das bedeutet, dass der Reihe nach alle (!) nur irgendwie möglichen Passwörter ausprobiert werden. Erst A, B, C usw., dann AA, AB, AC usw.,
dann AAA, AAB, AAC usw. Ganz egal, ob man erst den Hash-Wert er-
rechnen muss oder nicht, das sind extrem viele Möglichkeiten. Aber
irgendwann wird ganz sicher das korrekte Passwort dabei sein. Ob
der Hacker das aber noch erlebt, ist fraglich. Bei einem vierstelligen
Passwort, das aus Groß- und Kleinbuchstaben, Ziffern und Sonderzeichen besteht, müssen zwar 26.873.856 Passwörter ausprobiert
werden. Moderne Rechner benötigen dazu aber gerade mal 0,0067
Sekunden. Weniger als ein Wimpernschlag. Mit jeder einzelnen
Stelle, die das Kennwort länger ist, wird die Dauer jedoch um ein
Vielfaches größer. Für zehn Stellen benötigt man schon knapp 30
Jahre. Und für Passwörter mit elf Stellen über 2.000 Jahre. Passwörter knacken kann also ganz einfach sein, es dauert nur verflixt
lange. Es gibt aber eine Möglichkeit, das Problem der langen Dauer
zu lösen. Man muss ja nicht einen einzelnen Rechner 2.000 Jahre

werkeln lassen. Man kann auch 2.000 Rechner gleichzeitig arbeiten lassen. Die brauchen dann nur ein Jahr. Oder 8.000 Computer – die sind in 3 Monaten fertig. Und noch etwas spielt beim Knacken von Hash-Werten eine Rolle. Warum muss jeder Passwortknacker immer wieder bei A anfangen und sich bis ZZZZZZZZZZ durcharbeiten? Wenn man alle schon einmal berechneten Hash-Werte aufhebt, muss man diese nicht jedes Mal neu probieren. Man schaut einfach nach, ob man den gesuchten Hash-Wert schon in seiner Liste hat, und fertig. Solche Listen mit vorberechneten Hash-Werten werden Rainbow-Tables genannt. Aber natürlich verbessern nicht nur die Hacker ihre Techniken. Gegen Rainbow-Tables und Wörterbuchattacken wehrt man sich ganz einfach. Anstatt nur das eingetippte Passwort durch die Hash-Formel zu schicken, hängen Programmierer jedes Mal ein Geheimnis wie z. B. xl1fe*h4ck3r an ein Passwort an, bevor es durch die Hash-Formel geschickt wird. Das nennt man Salt (englisch für Salz). Und weil der Hash-Wert von Urlaub#2021 anders ist als vom gesalzenen Urlaub#2021xl1fe*h4ck3r, schlägt der Angriff fehl. Letztlich hilft wieder nur die Brute-Force-Methode. Die wird es schaffen, braucht bei 24 Stellen jedoch schon mehrere Milliarden Jahre.

Echt jetzt?

Achtung, Kalauer! Eine Wörterbuchattacke bedeutet nicht, dass jemand mit dem Duden nach dir wirft.

Manchmal ist Passwortknacken legal

Egal ob beim Computer, dem sozialen Netzwerk oder dem On-line-Banking: Ein komplexes Kennwort schützt den Zugang zu deinen Daten. Doch so richtig sicher ist man eigentlich nie. Denn genauso, wie man mit einem Brecheisen eine verschlossene Tür auf-bekommt, gibt es in der digitalen Welt auch Hacker-Programme, um Passwörter zu knacken. Hat man sein eigenes Passwort vergessen, können die natürlich sehr hilfreich sein. Aber geht es um Passwörter von anderen Personen, dann ist dies problematisch.

Wer fremde Passwörter knackt, macht sich wegen des Ausspähens von Daten strafbar. Die Strafhöhe ist nicht zu unterschätzen: Frei-heitsstrafen von bis zu drei Jahren oder eine Geldstrafe erwarten den Täter. Was genau demjenigen blüht, entscheidet das Gericht dann im Einzelfall. Je nachdem, wie dieser Einzelfall aussieht, muss der Hacker sich dann unter Umständen auch noch wegen anderer Straftaten verantworten, wie zum Beispiel der Computersabotage.

Aber was ist, wenn man sein eigenes Passwort knackt, weil man es schlicht und einfach vergessen hat? Das stellt zumindest keine Straftat dar. Denn unter Strafe stehen nur die Taten, in denen sich der Täter Zugang zu Daten verschafft, die nicht für ihn bestimmt sind. Das ist bei den eigenen Daten natürlich nicht der Fall und des-halb auch keine Straftat. Je nachdem, welches eigene Passwort man knackt, kann das aber dennoch Probleme mit sich bringen. Gerade bei Konten für E-Mail, soziale Netzwerke oder Online-Services sollte man die Finger von Hacker-Software lassen. Denn die Systeme der Anbieter erkennen solche Aktionen und werten sie als Online-An-griffe. Das könnte dann ein Nachspiel haben und führt oft zur

Account-Löschung. Besser, man nutzt in diesen Fällen die einfache Wiederherstellungsoption, die in der Regel unter dem Titel „Passwort vergessen?" angeboten wird.

Dein eigenes Passwort herausgeben solltest du aber nie – selbst dann nicht, wenn die Polizei es haben will. Denn auch wenn ein Strafverfahren gegen dich läuft, musst du dich nicht selbst belasten. Gerade bei den Handy-PINs hat die Polizei aufgrund der höchst komplexen Passwortstruktur auch keine Möglichkeiten, das zu knacken. Dies ist aus Sicht der Polizei höchst ärgerlich. In anderen Ländern wie Großbritannien oder den USA werden Täter, die sich weigern, ihre Passwörter herauszugeben, so lange in Erzwingungshaft genommen, bis sie sie preisgeben – und das kann dauern. Im Fall eines US-amerikanischen Polizisten, dem der Besitz kinderpornografischer Inhalte vorgeworfen wurde, ordnete das Gericht Haft an. Denn der Polizist weigerte sich, für die im Rahmen einer Hausdurchsuchung gefundenen zwei verschlüsselten Festplatten die Passwörter zu nennen. Der Polizist berief sich auf sein Recht, in einem Strafverfahren keine Angaben machen zu müssen, die ihn unter Umständen selbst belasten könnten. Außerdem habe er die Passwörter zu den Datenträgern vergessen und könne daher beim besten Willen nicht weiterhelfen. Das Ende vom Lied: mehr als 17 Monate Erzwingungshaft! Die Haft für die Straftaten kam da noch obendrauf.

Echt jetzt?

Ein Sicherheitsforscher hat geklaute Passwörter und Daten von über 11 Milliarden Usern gesammelt. Einige wurden wohl mehrfach gehackt, denn auf der Erde leben nur etwa 8 Milliarden Menschen.

Hacking: ein Liebesgeständnis

„Ich wollte nie etwas Illegales tun und Hacken ohne dienstlichen Auftrag ist nun mal strafbar", schreibt Lukas, ein Informatiker, der für den Bundesnachrichtendienst arbeitet. Auf der Website des BND erzählt Lukas von sich, dass er schon als Kind das Rätsellösen und die Computerwelt geliebt habe. Er wollte nicht nur in diese Welt abtauchen, sondern er wollte die Logik dahinter verstehen. Als er merkte, dass er dafür ein großes Talent hatte, beschloss er, seine Leidenschaft zum Beruf zu machen. Nun verdient er sein Geld, indem er im Auftrag der Bundesregierung für die Sicherheit Deutschlands arbeitet.

Lukas ist hier nur ein Beispiel. Viele junge Menschen entwickeln eine große Freude am Rätsellösen. Und das ist auch ganz natürlich, denn das Spiel ist für jeden Menschen aus psychologischer Sicht für die Entwicklung wichtig. Durch spielerische Wiederholung können neue Fähigkeiten, aber auch sogenannte Soft Skills wie Geduld oder Ehrgeiz, geschult werden. Hacken ist letztlich auch eine Art Spiel und dem Ganzen liegt daher auch der gleiche abhängig machende Mechanismus (s. Seite 55 ff.) zugrunde. Deswegen werden in diesem Feld viele zu absoluten Profis. Etwas zu lösen, was zunächst unüberwindbar erscheint, zieht einen in den Bann. Der Glücksrausch, wenn es dann gelöst ist, belohnt einen für die geleistete Arbeit. Doch der Dopaminrausch hält nicht lange an. Dann muss wieder das nächste Rätsel her.

Das Hacken zum Beruf zu machen, klingt dann eigentlich nach einer gelungenen Lösung, um seinen Spieltrieb zu befriedigen. Schon mal über eine Ausbildung oder ein Studium im Informatikbereich nachgedacht?

BIOMETRIE

Vor über 140 Jahren entdeckte der Brite Sir William James Herschel, dass kein Mensch den gleichen Fingerabdruck wie ein anderer hat. Er nutzte diese Erkenntnis, um Mehrfachauszahlungen von Renten zu verhindern. Ein ziemlich sicheres Verfahren. Zu sicher vielleicht?

Biometrie nennt man die Wissenschaft, die sich mit Messungen von Lebewesen befasst. Das kann die Körpergröße, der Kopfumfang oder die Länge der Finger sein. Aber auch das Muster, das die Papillarleisten auf der Handinnenseite zeichnet, gehört dazu. 1903 nahm erstmals in Deutschland die Dresdner Polizei Fingerabdrücke, um Verbrecher zu überführen. Nicht nur Fingerabdrücke, viele biometrische Merkmale eines Menschen verändern sich im Laufe des Lebens nicht oder kaum noch. Sie sind daher sehr gut dazu geeignet, einen Menschen zu identifizieren. Warum also sollte ein derartiges Verfahren nur die Polizei anwenden, um jemandem ein Verbrechen nachzuweisen? Der weitgehend unbekannte koreanische Hersteller Pantech brachte 2013 erstmals ein Smartphone mit Fingerabdruckscanner auf den Markt. Anstatt mit einer PIN konnte man das Gerät einfach mit seinem Finger entsperren. Apples iPhone 5s machte die Technik kurz darauf so richtig bekannt.

Mittlerweile sind biometrische Merkmale zur Erkennung eines Menschen recht weit verbreitet. Nicht nur in Smartphones. Ein Problem übrigens für Menschen, die durch einen Unfall grobe Schnittwunden oder Verbrennungen der Haut erlitten haben. Auch Menschen mit einer **Prothese** werden von der Nutzung ausgeschlossen.

Einige biometrische Erkennungsmethoden an Compu-
tern und Handys ließen sich anfangs leicht überwinden.
Gesichtserkennungen konnten schon durch ein vorge-
haltenes Foto überlistet werden. Die heute in iPhones verwendete
Technologie Face ID misst hingegen über 30.000 Punkte im Gesicht
und erstellt eine Tiefenkarte des Gesichts. Ein flaches Foto hat da
keine Chance. Ein eineiiger Zwilling hingegen schon.

Moderne Fingerabdruckscanner setzen zudem gleich auf mehrere
Eigenheiten. Neben den Linien auf dem Finger misst ein Infrarot-
sensor zum Beispiel, ob das Blut in den Adern des Fingers
auch pulsiert. Das soll verhindern, dass jemand mit einem
abgeschnittenen Finger versucht, ein Handy zu entsperren
oder Zutritt zu einem Firmengelände zu erlangen. Lebenderken-
nung nennt man das. Ein Spezialist des Chaos Computer Clubs hat
einmal gezeigt, dass er einen Fingerabdruck problemlos nachbauen
kann. Von einem hochauflösenden Foto hat er mithilfe eines Laser-
druckers und Holzleim eine Fingerkuppe gebastelt, die viele Kont-
rollsysteme klaglos als „echten" und richtigen Finger akzeptierten.

Um sein Smartphone vor einfachem Datenklau zu schützen, sind
moderne biometrische Methoden jedoch ausreichend sicher. Zumindest für normale Menschen, die beruflich nicht mit geheimen
Daten zu tun haben. Biometrie eignet sich aber nur bedingt dort,
wo man beweisen muss, wer man ist. Zu einfach lassen sich Kopien
von Fingern oder Gesichtern anfertigen. Und nur weil die Merkmale so einzigartig sind, dürfen wir ihnen auch nicht blind vertrauen.
Wenn ein Einbrecher absichtlich einen falschen Fingerabdruck seines Nachbarn am Tatort hinterlässt ... ob dem dann geglaubt wird,
wenn er sagt, dass er es nicht gewesen ist?

TECHNIK

Der Mensch als Passwort

Wenn wir Zugang zu einem Smartphone, Computer oder einem Raum durch unsere biometrischen Merkmale erlangen, wird der Mensch zum Passwort. Das ist zwar komfortabel, hat allerdings auch ein paar Nachteile. Wenn mein Passwort geknackt wurde, kann ich es einfach ändern. Beliebig oft. Hundert, tausend, sogar Millionen Mal in meinem Leben. Haben Hacker meinen Fingerabdruck „geklaut", dann habe ich höchstens noch neun weitere. Sind alle zehn Finger „kopiert", bin ich raus. Viel schlimmer ist das bei der Gesichtserkennung. Man kann ja nicht nach jedem Hackerangriff zum Schönheitschirurgen.

Biometrie ist nicht hundertprozentig sicher. Sie sollte daher nur ein Zusatzbaustein sein. Zum Beispiel, damit man nicht jeden Tag sein Passwort eingeben muss, sondern nur einmal pro Woche. Über Finger- oder Gesichtserkennung kann man an den anderen Tagen sicherstellen, dass es immer noch die gleiche Person ist, die am Rechner sitzt. Viele Smartphones machen das bereits: Biometrie nutzen zum Verifizieren (Bestätigen), nicht zum Identifizieren (Erkennen).

Neben Fingerabdrücken und Gesichtserkennung gibt es noch andere sehr eindeutige Merkmale eines Menschen. Die Sprache, die Iris im Auge oder der Verlauf der Adern unter der Haut. Aber auch der Gang eines Menschen ist eindeutig, ebenso sein Tippverhalten auf einer Computertastatur. Sogar der Geruch eines Menschen lässt sich als Zugangskontrolle nutzen. Es geht aber nicht darum, dass Menschen, die stinken, draußen bleiben müssen. Obwohl man sich so eine Gestankserkennung manchmal echt wünschen würde.

Firmen und die Biometrie der Nutzer

Der biometrischen Gesichtserkennung hat sich in der Vergangenheit auch Facebook bedient und dafür eine Strafe von 550 Millionen US-Dollar zahlen müssen. Doch was war passiert?

Schon vor einigen Jahren wurde diese automatische Gesichtserkennungsfunktion von Datenschützern kritisiert. Lud ein Nutzer ein Foto hoch, dann glich Facebook die Gesichter der Abgebildeten mit Fotos anderer Nutzer ab. Dann fragte Facebook den Uploader, ob es sich dabei um Person XY handelt und ob er diese Person auf dem Foto markieren möchte. Der Markierte wurde aber vorher nicht gefragt, ob er mit seiner Ermittlung überhaupt einverstanden ist.

Facebook hat also unerlaubt Daten von Nutzern per Gesichtserkennung gesammelt und gespeichert. Ein erheblicher Verstoß gegen das Datenschutzrecht. Aus diesem Grund musste sich Facebook vor Gericht verantworten. Denn in den USA dürfen Unternehmen biometrische Daten ihrer Nutzer nur dann sammeln und speichern, wenn diese explizit eingewilligt haben. Um Erlaubnis hatte Facebook jedoch gerade nicht gefragt. Ein großer Fehler, der dem Unternehmen teuer zu stehen kam.

Facebook stellte diese Funktion zunächst wieder ein, nutzt sie mittlerweile aber erneut mit einem kleinen Unterschied: Facebook fragt um Erlaubnis. Heute kann man zudem prüfen, ob man auf Bildern anderer vorkommt. Das funktioniert jedoch nur, wenn man der Gesichtserkennung allgemein zustimmt. Das ist also nur ein Lockmittel, um auch an diese Daten von dir zu kommen. Aber wenn du unser Buch gelesen hast, fällst du auf derart plumpe Tricks sicher nicht mehr herein, oder?

GLOSSAR

Algorithmus ist eine Formel oder eine Reihe von Arbeitsschritten zur Lösung eines Problems.

Autoritär ist ein Land, das von seinen Bürgern unbedingten Gehorsam fordert und weder Kritik noch freie Meinung akzeptiert oder duldet.

Bodyshaming nennt man es, wenn jemand online oder offline wegen seines Körpers (Größe, Figur etc.) beleidigt oder gemobbt wird.

Bot nennt man ein Computerprogramm, das bestimmte Aufgaben wie Fragen beantworten oder Webseiten katalogisieren selbstständig, also ohne Hilfe eines Menschen, erledigen kann.

Botenstoffe werden im Gehirn produziert. Sie sind dafür zuständig, Informationen von einer Nervenzelle zur anderen zu übermitteln.

Browser ist ein Computerprogramm zum Abrufen und Anzeigen von Webseiten.

Demokratie ist eine Staatsform, in welcher die Bürger regieren. In vielen Staaten tun sie das indirekt durch die regelmäßige Wahl von Vertretern, die dann gemeinsam in einem Parlament Gesetze im Sinne der Wähler besprechen, beschließen und verabschieden.

Echtzeit bedeutet, dass ein Computer genauso schnell reagiert und kommuniziert wie die Realität um ihn herum.

Ehrenamt ist eine freiwillige Tätigkeit, die der Allgemeinheit zugutekommt. Sie wird in der Regel nicht bezahlt bzw. es gibt nur eine geringe Aufwandsentschädigung.

Erpressung ist eine Straftat, bei der eine Person eine andere Person dazu bewegen möchte, ihr etwas zu geben oder etwas zu

tun, indem sie mit Gewalt oder einer anderen unangenehmen Handlung droht.

Exportbeschränkungen sorgen dafür, dass Waffen und andere gefährliche Güter (z. B. Chemikalien) nicht ohne spezielle Genehmigung in fremde Länder verkauft werden können.

Grundbedürfnisse Der Psychologe Maslow zählt fünf Grundbedürfnisse. Am wichtigsten ist das physiologische Bedürfnis (Schlafen, Trinken und Nahrung). Dazu zählen außerdem Sicherheit, soziale Eingebundenheit, Anerkennung und Selbstverwirklichung.

Hehlerei ist eine Straftat und beschreibt meist den Verkauf gestohlener Ware.

HTML steht für HyperText Markup Language und ermöglicht ein einheitliches Format für Webseiten mit Textformatierung wie z. B. Fettdruck. Eine HTML-Seite wird von jedem Browser gleich angezeigt.

Hyperaktivität bezeichnet eine Verhaltensweise, die sich durch unangemessene und impulsive Handlungen darstellt. Sie tritt oftmals im Rahmen von ADHS, einer relativ verbreiteten psychischen Störung im Kindes- und Jugendalter, auf.

Index nennt man eine sortierte Liste, mit der ein Buch oder eine Webseite gefunden werden kann.

IQ steht für Intelligenzquotient und zeigt unsere geistige Leistungsfähigkeit an. Um deinen IQ herauszufinden, muss du einen Test mit unterschiedlichen Aufgaben machen. Dann wird dein Ergebnis mit dem vieler anderer Menschen verglichen. Ein IQ von 100 gilt dabei als durchschnittlich.

Metadaten sind Zusatzinformationen zu den eigentlichen Daten. Also z. B. Absender, Empfänger

GLOSSAR

und Datum einer E-Mail – aber nicht ihr Inhalt. Bei einem Buch sind Autor und die Anzahl der Seiten Metadaten – aber nicht die Geschichte.

Mustererkennung ist die Fähigkeit einer Maschine, in Daten oder Texten Wiederholungen oder Ähnlichkeiten zu erkennen, um den Sinn zu verstehen.

NFC steht für Near Field Communication und ist eine Funktechnologie für den Nahbereich, z. B. für kontaktloses Bezahlen mit Kreditkarte. Die sehr kurze Reichweite von NFC erschwert heimliches Abhören und schützt so vor Datendiebstahl.

Pathologisch ist gleichbedeutend mit nicht mehr gesund, wenn ein Verhalten als krankhaft zu werten ist.

Primzahl nennt man eine ganze Zahl, die nur durch eins und sich selbst ohne Rest teilbar ist.

Prothese ist ein künstlicher Ersatz für ein Körperteil, zum Beispiel ein Bein aus Kunststoff oder ein Auge aus Glas.

Resonanz Gesamtheit der Diskussionen, Äußerungen, Reaktionen

Scareware ist ein Programm, das gegen angeblich gefundene Probleme oder Viren helfen soll und durch unwahre, aber beängstigende Meldungen verbreitet wird.

Scheck nennt man ein unterschriebenes Papier, mit dem man sich bei einer Bank einen Geldbetrag vom Konto des Unterzeichners auszahlen lassen kann.

Sowjetunion nannte man einen 1922 gegründeten Zusammenschluss von 15 Unionsrepubliken, darunter war Russland die größte (mit über 78 % der Landesfläche). 1991 wurde sie wieder in die Einzelrepubliken aufgelöst.

Vorkasse bedeutet, dass ein Käufer nach dem Bestellen der Ware zahlen muss, bevor diese verschickt wird.

Wearable nennt man kleine, am Körper getragene Computersysteme wie Fitnessarmbänder oder smarte Brillen. Sie speichern z. B. den Puls oder blenden Informationen ein.

Webhoster nennt man Anbieter eines Servers im Internet, auf dem man eine Webseite oder einen Web-Shop installieren kann.

Zensur bedeutet, dass eine Behörde oder ein Staat unliebsame Informationen zurückhält, entscheidet, welche Fakten die Bürger erfahren dürfen, und den Zugang zu unabhängigen Nachrichtenquellen blockiert. Ziel ist meist, Kritik und Veränderungen im Land zu verhindern.

WEITERFÜHRENDE LINKS, HOMEPAGES, TELEFONNUMMERN

Wo taucht dieses Bild noch überall auf? Das kannst du leicht herausfinden mit den folgenden Seiten:

- bing.de
- images.google.de
- tineye.com
- yandex.com/images

Du willst über irgendetwas immer sofort informiert sein, z. B. wenn dein Name irgendwo auftaucht? Dann hilft dir:

- google.de/alerts

Hier kannst du dich informieren, wie man sich bei Stress im Netz am besten verhält und wo man Hilfe bekommt:

- www.jugend.support

Wenn du Kummer oder Sorgen hast und schnell mit jemandem sprechen möchtest, dann wende dich an:
*Die Nummer gegen Kummer unter **116 111** (kostenfrei)*
*Oder online per Chat: **nummergegenkummer.de**.*
*Die Hotline für Eltern erreicht man unter **0800 111 0 550***
Eine weitere Anlaufstelle ist die Telefonseelsorge unter
***0800 111 0 111** (kostenfrei)*
*Oder online per Chat über die Seite **online.telefonseelsorge.de***

*Die Darknet-Seite der New York Times lässt sich nur mit dem Tor-Browser öffnen: **https://www.nytimes3xbfgragh.onion/***

WIDMUNGEN

Christian Solmecke

Für meinen Sohn Julian, der Digital Native, der mich täglich aufs Neue inspiriert, mich auch juristisch mit den aktuellen (Online-)Trends auseinanderzusetzen.

Nora Wunderlich

Für die Elsa, die Katja und den Volker.

Tobias Schrödel

Für alle, die sich für Verschlüsselung und die Freiheit des Internets einsetzen.

Tobias Schrödel

It's a Nerd's World

Smartphone? Coole Sache. Internet? Wie kann man ohne überleben!? Zeit, die Menschen zu feiern, die das möglich gemacht haben. Tobias Schrödel, IT-Experte und Deutschlands erster Comedy-Hacker, erzählt die Geschichten rund um die Brains, deren Hardware, Software und Internet-Anwendungen das Leben von uns allen für immer verändert haben - und die teilweise niemand kennt. Das muss sich ändern! Ehre, wem Ehre gebührt! Aber Vorsicht: Es wird absurd, lustig, tragisch und vielleicht sogar ein kleines bisschen lehrreich.

Von verrückten Erfindern, mutigen Pionieren und genialen Gründern. Mit vielen Graphiken, Fotos und Infokästen.

160 Seiten • Taschenbuch • ISBN 978-3-401-51224-2 • www.arena-verlag.de